"天使"领航　德技兼修
——新生入学教育读本

主　审　顾　锋　王建军
主　编　葛玉军　邹　娟
副主编　曹露露　陈亚芹
编　者　成　敏　王　越　丁林林　朱　赛
　　　　丁亚青　邵平平　范蓉蓉　陆潇潇

苏州大学出版社

图书在版编目(CIP)数据

"天使"领航 德技兼修:新生入学教育读本／葛玉军,邹娟主编. —苏州:苏州大学出版社,2020.8(2024.8重印)
ISBN 978-7-5672-3261-7

Ⅰ.①天… Ⅱ.①葛… ②邹… Ⅲ.①大学生-入学教育-高等职业教育-教材 Ⅳ.①G645.5

中国版本图书馆CIP数据核字(2020)第130083号

书　　名：	"天使"领航　德技兼修——新生入学教育读本
主　　编：	葛玉军　邹　娟
责任编辑：	方　圆
出版发行：	苏州大学出版社(Soochow University Press)
出 版 人：	盛惠良
社　　址：	苏州市十梓街1号　邮编:215006
印　　装：	广东虎彩云印刷有限公司
网　　址：	www.sudapress.com
邮购热线：	0512-67480030
开　　本：	787mm×1 092mm　1/16　印张:10　字数:191千
版　　次：	2020年8月第1版
印　　次：	2024年8月第5次印刷
书　　号：	ISBN 978-7-5672-3261-7
定　　价：	29.00元

凡购本社图书发现印装错误,请与本社联系调换。
服务热线:0512-67481020

序 言

亲爱的同学们：

首先，祝贺你们考入江苏省南通卫生高等职业技术学校！在这里，你们将从一个新的起点出发，开始一段新的求学之路。刚进校的你们是不是既充满了对新生活的欣喜和憧憬，又存在着对未来的困惑与迷茫？为了帮助同学们尽快适应全新的学习生活，学校结合实际，从新生的实际需求出发，组织编写了这本书。

《"天使"领航　德技兼修——新生入学教育读本》针对同学们在新环境下可能遇到的困惑和问题，用深入浅出、生动活泼的语言，解答了同学们普遍关心的问题，帮助同学们尽快适应校园生活。本书共分为七章，内容涵盖职教内涵、认识校园、能力锻炼、日常管理、资助育人、生命教育、"五心天使"德育品牌七个方面，具有鲜明的校本特色和实用性，体现了卫生职业院校的办学特点。

同学们，"一德立而百善从"，希望你们通过本书的引领，能尽快适应角色转换，树立正确的世界观、人生观和价值观，做好职业生涯规划，完善个人品德，做一个诚实守信、胸襟博大、自尊自信的人！

顾　锋

2023 年 5 月 20 日

目 录

第一章　职教助力　技能强国　/1

第一节　职教定位　/1

第二节　职教特征　/2

第三节　职教优势　/3

第二章　认识校园　理想启航　/6

第一节　学校概况　/6

第二节　培养目标　/9

第三章　锻炼能力　提高自我　/19

第一节　党团组织　/19

第二节　学生军训　/25

第三节　学生管理组织　/30

第四节　学生社团　/32

第五节　职业生涯规划　/39

第六节　学历提升　/44

第四章　日常管理　共同成长　/47

第一节　"四自管理"条例　/47

第二节　奖惩条例　/50

第三节　学业管理条例　/54

第四节　实习管理　/57

第五章　资助育人　关爱学生　/66

  第一节　国家资助　/66

  第二节　校内资助　/76

  第三节　社会慈善　/79

第六章　珍爱生命　健康成长　/82

  第一节　阳光心理　一路同行　/82

  第二节　安全教育　预防为先　/103

第七章　"五心天使"　德技兼修　/131

  第一节　历史内涵　/131

  第二节　品牌发展　/132

  第三节　评价方案　/133

  第四节　培育载体　/141

  第五节　活动掠影　/143

第一章

职教助力 技能强国

职业教育，又称为职业技术教育，简称职教，是指让受教育者获得某种职业技能或职业知识，形成良好的职业道德，从而为满足从事一定社会生产劳动的需要而开展的一种教育活动。作为与基础教育、高等教育和成人教育地位平行的四大教育板块之一，与普通教育相比，职业教育侧重于实践技能和实际工作能力的培养。

第一节 职教定位

职业教育注重培养实践技能和实际工作能力，其目的是培养应用型人才和具有一定文化水平及专业知识技能的社会主义劳动者、社会主义建设者，提高劳动者素质，推动经济社会发展和促进就业。此外，作为终身教育的重要组成部分，职业教育的重中之重就是改变传统的教育模式，建立以终身教育为理念的教育体制，使劳动者不断学习和掌握新知识、新技术，加快国家产业结构转型和调整，进而推动社会生产力的发展。

我国正处在大有可为的重要战略机遇期。国家建设不仅需要具备高学历、高水平，有突出革新能力的高科技人才，还需要高素质的技能型人才，通过他们的辛苦劳作来实现经济发展和社会进步。因此，我国始终把加快发展现代职业教育摆在突出的战略位置，不断提高广大劳动者的素质，促进经济提质、增效升级，满足人民群众生产生活多样化的需求。

2022年8月，习近平总书记向首届世界职业技术教育发展大会致贺信，他指出："职业教育与经济社会发展紧密相连，对促进就业创业、助力经济社会发展、增进人民福祉具有重要意义。"我国的现代职业教育是国民教育体系和人力资源开发的重要组成部分，是广大青年打开通向成功成才大门的重要途径，肩负着培养多样化人才、传承技术技能、促进就业创业的重要职责。正如前教育部部长、中国工程院院士周济所说，职业教育事业的发展为经济发展做出了贡献，为促进就业做出了贡献，为社会和谐做出了贡献。抓好职业教育工作，既是教育改革的战略性问题，又是重大的经济和民生问题，必须摆在更加突出的战略位置，作为深化教育领域综合改革的战略突破口和转方式、调结构、惠民生的战略支点，推动职业教育与经济社会同步发展。

我国职业教育的发展方针是：坚持职业教育面向人人、面向社会的发展方向，以服务为宗旨，以就业为导向。在这个方针的指导下，我们要不断深化职业教育改革，形成以学校为主体，企业和学校共同教育、管理和训练学生的教学模式；积极推进校企合作，充分发挥企业、行业的积极作用；完善管理办法，推进"订单培养""工学结合""顶岗实习"等多种办学模式，为社会培养适应经济发展的新型技术人才。

2022年4月20日，第十三届全国人民代表大会常务委员会第三十四次会议通过《中华人民共和国职业教育法》修订，自2022年5月1日起施行。新法规定，职业教育的目的是"提高劳动者素质和技术技能水平，促进就业创业，建设教育强国、人力资源强国和技能型社会，推进社会主义现代化建设"。职业教育需要担负起提高劳动者素质和技术技能水平的责任，通过培养高素质的技术技能人才，促进就业创业，为国家的现代化建设提供合格的技术技能人才。

目前，我国职业教育事业快速发展，体系建设稳步推进，培养了大批中高级技能型人才，为提高劳动者素质、推动经济社会发展和促进就业做出了不懈努力。

第二节　职教特征

职教是现代国民教育体系的重要组成部分。职教有其自身的特性。

一、职教位置的特殊性

职教在人的发展和社会发展之间、教育和职业之间的位置具有特殊性。职教促进人的个性发展和社会进步，不是"普通性"或"特殊对象性"的，而是直接对应于社会需要和个人生存的，基础教育和高等教育都担负着将"自然人"培养成"社会人"的中介职责，但社会人的一个重要标识就是职业化。

二、职教发展的适应性

职教发展的适应性，首先表现在职教制度的适应性上。国家发展职教，建立健全适应社会主义市场经济和社会进步需要的职教制度，办学方向、办学层次、教学内容、职教管理等都应处于主动适应的位置，适应社会经济发展的需要。职教发展的适应性，其次表现在职教对象的适应性上。在瞬息万变的时代，受教育者不能局限于某一种技能的掌握。职教发展的适应性，最后表现在职教办学模式的适应性上。为适应市场需要，职教要由传统意义上的以学校教育为主、封闭的办学模式转向企事业单位、公民个人及学校等多元化的混合办学模式。

三、职教发展的螺旋性

职教是历史性与超越性的矛盾统一体，沿着螺旋式轨迹发展。职教总要受到一定历史前提的牵引与制约，不可能在"真空"中存在和发展。但这并非说职教因此失去了超越性，恰恰相反，正是职教历史性及其导致的有限性，为人们发展职教提供了真正的自由和可能。可以说，职教的历史性为它的无限开放性提供了真实的可能，职教不断超越有限性，并不断发展。

四、职教实践的"双理性"

职教是在理性指导下的实践，其理性分为实用理性和诗意理性。一方面，职教的实用理性注重教育方法、技术和经验，注重职教的效益（包括社会效益、经济效益等），关注学生个体的现实存在，立足和回归现实生活。另一方面，职教的诗意理性则强调"以人为本""终极关怀"等，即注重人的潜能是否得到充分发挥，人的个性是否得到充分张扬，人的主体人格是否得到自由发展，等等，这是职教的最终理念。

第三节　职教优势

2021年4月，习近平总书记对职教工作作出重要指示，强调在全面建设社会主义现代化国家新征程中，职教前途广阔、大有可为。要加快构建现代职教体系，培养更多高素质技术技能人才、能工巧匠、大国工匠。

国家政策有保障，学校发展有动力，学生未来有前途，职教具有自身独特的优势。

一、就读有政策

职教的中等职业教育阶段，我国建立了以免学费、国家助学金为主，学校和社会资助及顶岗实习等为补充的学生资助制度。国家鼓励地方政府、相关行业企业和社会团体设立职校学生助学金、奖学金，鼓励和引导金融机构为接受中等职业教育的学生提供助学贷款。我校在结合国家相关政策的同时，也制定了具有学校特色、专业特色的促教促学政策。对于家庭经济困难的学生而言，就读职校是既可以学习技能本领，又可以减轻家庭负担的不错选择。

二、升学有途径

职校生可以在学习专科学业之时，进一步提升自己的学历层次、完善自己的专业技能。入校后即可开始着手准备参加自学考试，将自学考试各门课程有计划、分阶段地分散在平时的专科学习阶段。五年级毕业前的最后一学期，可以进行一次专转本考试，若考试通过，即转入相应本科院校就读。或大专毕业后，自行参加成人高考。

三、就业有保障

职教以服务为宗旨，以就业为导向。职教不只是培养学生拥有某种技能或特长，还注重培养学生的就业本领，注重学生就业后的发展。在提高学生就业竞争力的要求下，职校的培养目标是不断提升学生的就业能力，培养学生掌握足以担任工作的具体知识、具体技能，达到用人单位所需要的岗位标准，具备工作时所必需的工作技能，等等。我校根据专业培养的特征及社会对相应专业人才的能力需求，制订特色化专门人才的培养方案，前三到四年进行公共基础知识与专业知识的学习及专业实践的实训与见习，后一两年进入合作实习单位，进行对口专业的岗位实习。通过校企合作，全方位育人，培养技能型人才，为学生就业保驾护航。在就业竞争压力大的情况下，职校毕业生能够顺利地实现就业，就业薪资及就业环境逐步改善，这也显现出了职教在就业竞争中具有的优势。

读职校与读高中各有优势，主要看学生更适合哪一种教育模式。职教是国民教育体系和人力资源开发的重要组成部分，是打开成功成才大门的重要途径。未来的职业道路上，职校生有着自身独特的优势。如果学生动手能力很强，热爱实践操作，想掌握一门技能的话，那么选择就读职校也许更利于自己的发展。借助职教的办学优势，激发自身潜力，职校生毕业后一样可以大有作为。

小链接

大国工匠　技能强国

1. 火箭"心脏"焊接人高凤林

高凤林是中国航天科技集团有限公司第一研究院211厂发动机车间班组长，几十年来，他几乎都在做着同样一件事，即为火箭焊"心脏"——发动机喷管焊接。有的实验需要在高温下持续操作，焊件表面温度高达几百摄氏度，高凤林咬牙坚持，双手被烤得鼓起一串串水泡。因为技艺高超，曾有人开出"高薪加两套北京住房"的诱人条件聘请他，高凤林却说，我们的成果打入太空，这样的民族认可的满足感用金钱买不到。他用几十年的坚守，诠释了一位航天匠人对理想信念的执着追求。

2. "蛟龙"号上的"两丝"钳工顾秋亮

"蛟龙"号是中国首个大深度载人潜水器，有十几万个零部件，组装起来最大的难度就是密封性，精密度要求达到了"丝"级。而在中国载人潜水器的组装中，能实现这个精密度的只有钳工顾秋亮，也因为有着这样的绝活儿，顾秋亮被人称为"顾两丝"。40多年来，他埋头苦干、踏实钻研、挑战极限，见证了中国从海洋大国向海洋强国的迈进。

第二章

认识校园 理想启航

九月,金风送爽,丹桂飘香。在这个美丽宜人的季节里,同学们带着亲人的祝福与期盼,挥手告别家的港湾,来到美丽的校园(图2-1)。为帮助同学们尽快适应新环境,投入新的学习和生活,让我们阅读本章内容,认识一下学校的历史变迁及培养目标。

图2-1 江苏省南通卫生高等职业技术学校主校区

第一节 学校概况

一、办学历史

江苏省南通卫生高等职业技术学校是一所公立全日制高等职业学校,是南通地区培养白衣天使的摇篮。1951年8月,原南通学院医科受苏北人民行政公署卫生局委托,创办公立苏北第二医士学校、苏北第二护士学校，为江苏省南通卫生高等职业技术学校前身。其后数十载，学校相继易名为苏北医学卫生学校，江苏省南通医士、护士学校，江苏省南通护士学校，江苏省南通卫生学校，南通卫生学校。

1991年1月，台胞姜体臣先生捐资助学，为褒扬其义举，1993年学校更名为南通体臣卫生学校。南通第二卫生学校、启东卫生学校、江苏省海安针灸推拿学校先后于1988年、1994年、2008年并入。2011年1月30日，江苏省教育厅批准学校增列为江苏联合职业技术学院南通卫生分院，同年12月被江苏省教育厅授予江苏省高水平示范性职业学校。随着办学条件的改善、办学理念的更新、办学水平的提高，学校于2013年8月获批更名为江苏省南通卫生高等职业技术学校，并成为江苏省高水平现代化职业学校立项建设单位。2014年9月，学校正式迁入位于南通经济技术开发区的新校区。

二、办学理念

学校以"一流的师德风范，一流的师资团队，一流的天使风采，一流的校园文化"为办学目标，坚持"以立德树人为根本，以服务社会为宗旨，以促进就业为导向"的办学方向，树立"人才强校、管理立校、质量兴校"的办学理念，秉承"厚德、砺志、博学"的校训，"求先、求新、求实"的校风，"精业、善导、奉献"的教风与"敏学、慎思、笃行"的学风（图2-2），70多年来为社会培养了3万余名高素质技术技能型卫生专业人才。

图2-2 学校校训、校风、教风、学风

学校设有21个处室和专业系部，共有教职工310人、在校生7 600余人。目前开设有13个专业，已发展成为以护理为品牌，以药学和医学检验技术为特色，以药品经营与管理、康复治疗技术、中药学、老年保健与管理、健康管理、助产、中医养生保健、中医康复技术、老年人服务与管理、药剂为支撑的卫生类高水平现代化职业学校。学校于 2013 年加入江苏医药卫生职业教育集团，促进了校企深度合作。

学校长期与南京医科大学、东南大学、苏州大学、南通大学、江苏大学等高等院校联合办学，开展了护理本科及药学本科学历教育，构建中、高等教育立交桥，为中、高职毕业生和在职医护人员创造提升学历层次的自我发展空间，形成了五年制高职、四年制中职两个层次，普通职教、成人职教、职后培训三种形式互补的办学格局。学校继续教育部目前开设学历教育班级 28 个，在校生总数 2 260 人；每年与本地卫生健康委员会、食品药品监督管理局、社会事业管理局等部门合作，为社会培训医护人员约 5 000 人次，充分发挥了职教富民的职能。

学校毕业生专业思想牢固，医学理论知识扎实，实践操作技能强，深受用人单位的欢迎，执业护士资格考试通过率历年均列全省前茅，高职护理连续三年通过率为 100%，中职通过率保持在 99% 以上。此外，学校还先后获得江苏省五一劳动奖状、江苏省德育先进学校、江苏省优秀基层党组织、南通市文明单位、南通市职业教育先进单位、南通市最安全学校、南通市"三八"红旗集体等荣誉，现为江苏省高水平现代化职业学校、江苏省职业学校智慧校园、江苏省现代化示范性职业学校、江苏省中等职业学校领航计划建设单位，是江苏省养老护理员培训基地、国家卫生人才交流服务中心考点、国家级 METS 考试示范考点。

三、校园概况

学校位于中国近代著名实业家、教育家、思想家张謇先生的故里，占地面积 367 亩，建筑面积 17 万平方米。主校区位于南通市东南门户，另有海安校区和通州、海门、如皋三个办学点。

主校区一期工程 12.8 万平方米，包括行政图文信息中心、教学楼、实训楼、四栋宿舍楼和食堂等建筑。整个校区智能化功能较为完善，做到了监控全覆盖无死角，有线和无线网络相结合，每间教室内配备了多媒体教学系统和监控系统，学生公寓内也配备了网络接口，学术报告厅安装了智能会议系统和大屏幕 LED。二期工程体育馆即将投入使用，职后培训楼目前正在筹建过程中。

四、交通

学校位于江苏省南通市经济开发区振兴东路 288 号，可从学校乘坐公共交通工具直达南通客运东站、南通火车站、狼山游客集散中心等地，交通便捷。

南通客运东站：28 路、82 路。

南通火车站：25 路。

南通西站：地铁 1 号线。

狼山游客集散中心：96路、620路。
南通市图书馆：91路。
永旺梦乐城：95路。
中南商圈：27路、91路、620路。
南大街：620路、28路、25路、27路。
北大街：25路、19路。

第二节 培养目标

一、系部设置

（一）专业介绍

学校现有五年制高职护理、药学、药品经营与管理、医学检验技术、康复治疗技术、中药学、老年保健与管理、助产、中医养生保健、健康管理、中医康复技术、中职护理、药剂、老年人服务与管理等专业。其中护理专业为江苏省职业教育品牌专业，药学和医学检验技术专业为江苏省职业教育特色专业。学校护理与药学实训基地均为江苏省职业教育高水平示范性实训基地建设项目。学校长期与复旦大学、第二军医大学、南京医科大学、苏州大学、南通大学、江苏大学等高等院校联合办学，构建中、高等教育立交桥，为中、高职毕业生和在职医护人员创造提升学历层次的自我发展空间，形成了五年制高职、四年制中职两个层次，普通职教、成人职教、职后培训三种形式互补的办学格局。学校师资力量强，教学质量高，毕业生专业思想牢固，医学理论知识扎实，实践操作技能强，深受用人单位的欢迎。

（二）系部划分

学校分为护理系、药学系、医技系，其中高职护理、助产、老年保健与管理、健康管理属于护理系，药学、药品经营与管理、中药学、药剂4+2属于药学系，中医康复技术、中医养生保健、医学检验技术、康复治疗技术属于医技系。

四年制中职护理在海安校区。通州办学点有中职药剂、护理、护理4+2专业，海门办学点有老年人服务与管理、护理4+2专业。

二、培养方案

（一）五年制高职

1. 护理

（1）培养目标：系统掌握护理专业知识与技能，具有良好的职业道德、人文精神和职业素养，培养面向各级各类医院、疗养院、社区卫生服务中心、企事业单位医务室，以及其他医疗卫生、保健和疾病防治机构，能够从事护理工作的高素质技术技能人才。

（2）专业主干课程：人体解剖与生理、病理生物与免疫、生物化学、病理学基础、护理入门、护理药物学、基础护理技术、健康评估、内科护理、外科护理、妇产科护理、儿科护理、危急症护理、社区护理、护理伦理与法律法规、护理沟通与礼仪等课程。

（3）就业岗位：各级各类医院、疗养院、社区卫生服务中心、企事业单位医务室，以及其他医疗卫生、保健和疾病防治机构等岗位。

2. 助产

（1）培养目标：系统掌握助产、妇幼保健、计划生育指导和护理学基本理论、基本技能，具有良好的职业道德、人文素养、专业能力，培养面向各级各类医疗机构、社区卫生服务中心及妇幼保健机构，能够从事临床助产和母婴保健工作的技术技能人才。

（2）专业主干课程：助产入门、人体结构、人体功能、病原生物与免疫、生物化学、人体病理基础、用药护理、社区预防与保健、中医护理、基础护理技术、健康评估、助产学、妇科护理、儿科护理、内科护理、外科护理、精神病护理、优生优育、母婴营养等。

（3）就业岗位：主要面向医院临床产科、妇幼保健机构、城乡社区卫生服务中心、各级卫生行政管理机构妇幼工作部门和月子会所、孕妇学校、亲子活动中心、月嫂培训中心等社区家政服务机构。

本专业与上海中山医院、苏州大学附属第一人民医院、南通大学附属医院、南通市第一人民医院、南通市妇幼保健院等进行校企（院）合作。

3. 药学

（1）培养目标：系统掌握药学专业知识，具有良好的职业道德、人文素养和较强的专业能力，培养面向各级各类医疗机构药剂科、药品生产企业、药品经营企业，能够从事药品调剂、静脉药物配制、库房管理、用药指导、药品零售、制剂生产、药品质量检验与管理等工作的高素质技术技能人才。

（2）专业主干课程：人体解剖组织学、生理学、天然药物学基础、临床医学概要、药理学、药物化学、药剂学、药物分析、天然药物化学、药事管理与法规、常见病用药指导、药学综合知识与技能、医院与药店药品管理技能等。

（3）就业岗位：各级各类医疗机构药剂科、药品生产和经营企业涉及处方调剂、药品管理、用药指导、医药物流、制剂生产等岗位。

除以上就业方向外，本专业与国药控股南通有限公司、华润南通医药有限公司等企业实施联合招生、联合培养模式，按"冠名班"培养办法实施教学，学生取得毕业资格后，双向选择进入企业就业。

4. **药品经营与管理**

（1）培养目标：系统掌握药品经营与管理专业知识，具有良好的职业道德、人文素养和较强的语言表达及人际交往等营销能力，培养面向药品生产企业、药品批发企业、零售药店、医药物流等单位，能够从事药品营销、药品采购、药品储运、药店经营、药品电子商务，以及药品经营质量管理工作的高素质技术技能人才。

（2）专业主干课程：人体解剖生理基础、中医药基础、临床医学概论、药物化学基础、实用药理基础、药物制剂技术、药物分析技术、市场调查与预测、医药营销技术、商务谈判技术、物流管理、GSP管理实务、药事管理与法规等。

（3）就业岗位：药品生产企业、药品批发企业、零售药店、医药物流等单位涉及药品采购与销售、药品保管与养护、医药物流管理、药品介绍和经济核算等工作岗位。

除以上就业方向外，本专业亦与南通华氏康乐大药房有限公司等企业联合招生、联合培养，按"冠名班"培养办法实施教学，学生取得毕业资格后，双向选择进入企业就业。

5. **医学检验技术**

（1）培养目标：系统掌握医学检验技术专业基本理论知识和专业技能，具有良好的职业道德、人文素养、专业能力，培养面向各级各类医疗卫生机构、防疫机构、第三方独立实验室等单位，能够从事检验工作的高素质技术技能人才。

（2）专业主干课程：人体解剖生理学、生物化学、病原生物与免疫学、病理学基础、卫生统计、临床医学概要、基础检验技术、生物化学检验技术、微生物检验技术、免疫检验技术、人体寄生虫检验技术、血液检验技术等。

（3）就业岗位：各级各类医院检验科、病理科及其他实验室，中心血站及血库，卫生、食品、药品检验等岗位。

6. **康复治疗技术**

（1）培养目标：系统掌握康复治疗技术专业基本理论知识和专业技能，具有良好的职业道德、人文素养、专业能力，培养面向各级各类医院能够从事临床康复、残疾康复、工伤康复、社区康复、老年康复等工作的康复治疗技术技能人才。

（2）专业主干课程：解剖学、生理学、病因病理学、运动学、诊断学基础、康复医学导论、人体发育学、物理因子治疗技术、运动治疗技术、作业治疗技术、言语治疗技术、康复评定技术、中医学基础、传统康复治疗技术、社区康复、儿童康复、临床康复治疗学、康复工程技术、康复心理学等。

（3）就业岗位：各级综合性医院、康复医院、疗养院、社区卫生服务中心、残联康复中心、护理病院、老年养护院等单位的临床康复治疗及康复保健、指导等岗位。

本专业为全国首批"现代学徒制"城市试点专业，与南通市第六人民医院、南通市第二人民医院、南通和佳国际康复医院有限公司合作，实行3＋1＋1培养模式，该成果获得江苏省教学成果一等奖、国家教学成果二等奖。

7. 中医养生保健

（1）培养目标：系统掌握中医养生保健专业的基本理论和专业技能，具有良好的职业道德、人文素养及扎实的中西医基础知识，培养面向各级各类医养结合机构、康复中心、疗养机构、康复养生企业等单位，具备从事养生指导、营养与健康咨询、身体保健与康复等工作的高素质技术技能人才。

（2）专业主干课程：中医学基础、人体结构与功能、中医养生学、中药养生技术、营养学、针灸学、中医食疗学、全科医学概论、推拿学、中医刮痧技术、中医骨伤基础、中医美容学、康复医学概论。

（3）就业岗位：各类各级医疗机构、康复中心、社区卫生服务中心疗养机构、康复养生企业等单位。

8. 中药学

（1）培养目标：系统掌握中药学专业知识，具有良好的职业道德、人文素养和较强的专业能力，培养面向中药生产企业、药品批发零售企业、医药物流企业、各级医院中药房等单位，能够从事中药鉴定、中药调剂、中药饮片生产、中药制剂生产、中药购销、中药养护、中药学服务管理、中药质量控制等工作的高素质技术技能人才。

（2）专业主干课程：中药认知、中医学基础、人体解剖生理基础、药用植物学、有机化学、中药资源学、分析化学、中药学、方剂学、药理学、中药鉴定技术、实用中药化学、中药炮制技术、中药调剂技术、中药制剂技术、中药制剂分析技术、药事管理与法规等。

（3）就业岗位：药品生产企业的生产及管理岗位，药品批发企业、零售药店和医药物流等单位的药品销售、物流等岗位，各级医院中药房、社会药店中药商品的调剂岗位等。

除以上就业方向外，本专业还与南通三越中药饮片有限公司、江苏安惠生物科技有限公司等企业联合招生、联合培养，学生取得毕业资格后，双向选择进入企业就业。

9. 老年保健与管理

(1) 培养目标：系统掌握老年护理保健、老年社会工作、老年服务管理等方面的知识和技能，熟悉相关的政策法规，具有良好的职业道德、人文素养和较强的专业技能，培养面向各级医院保健科室、疗养院、社会康复保健机构，能够从事老年康复保健及健康指导、老年产业经营、老年大学教学与管理工作的高素质技术技能人才。

(2) 专业主干课程：正常人体结构、正常人体机能、中医学基础、针灸推拿技术、康复医学概论、临床医学概要、老年康复与训练、慢性病管理、老年学概论、老年政策法规、老年健康照护、老年人际沟通与交流、保健按摩技术、传统老年康复保健、老年心理护理、实用养老机构管理、老年工作方法、营养与饮食保健等课程。

(3) 就业岗位：各级医院保健科室、疗养院及社会康复保健机构的康复保健、健康指导；老年机构、老年事业产业单位、老年社会团体领域，从事老年康复保健及健康指导、老年事业管理、老年产业经营、老年社团活动、老年大学教学与管理工作等岗位。

除以上就业方向外，本专业也与南通市福利中心、南通天润健康管理有限公司等企业联合招生、联合培养，学生取得毕业资格后，双向选择进入企业就业。

10. 健康管理

(1) 培养目标：系统掌握健康评估、健康促进、医学信息处理、心理干预、慢性非传染性疾病防治与管理等相关知识与技能，热爱健康管理职业，具有为公众健康服务的世界观，培养面向社区卫生、健康保险、健康咨询与服务、食品安全、健康产品生产与经营及康复保健、职业安全健康管理领域，能够从事健康管理工作的高素质技术技能人才。

(2) 专业主干课程：健康管理学概论、正常人体结构、正常人体功能、病原生物与免疫、人体病理基础、药物学、健康评估、疾病概要、急救医学基础、中医养生、预防医学、全科医学概论、健康教育与健康促进、营养与食品卫生、医学统计学、流行病学、卫生信息管理技术、康复技术、慢性病管理、健康监测技术、健康保险与健康管理等课程。

(3) 就业岗位：各级医疗服务机构、社区卫生服务中心、健康体检中心、健康管理公司、营养咨询公司、心理咨询机构、养生会所、养老院等从事健康监测、分析、评估、健康教育、健康咨询、健康指导和健康危险因素干预等工作。

11. 中医康复技术

(1) 培养目标：系统掌握中医基础理论和传统康复技术，具有良好的职业道德、人文素养、实践能力和创新精神，具备从事中医健康咨询与指导、中医特色康复、中西医结合康复、中医康养等工作能力的高素质技术技能人才。

（2）专业主干课程：解剖生理学、病因病理学、中医基础、临床医学概要、康复评定技术、康复治疗技术、推拿治疗技术、中医传统康复技术、中药与方剂、中医养生、中医常见病证、临床常见病康复等。

（3）就业岗位：各级综合性医院、康复医院、社区卫生服务中心、残联康复中心、康养护理院、中医疗养院、中医养生会所等单位。

（二）中职专业

1. **护理**

（1）培养目标：熟练掌握护理的基本理论、基本知识和基本技能，具有良好的职业道德、职业素养和较强的专业技能，能够在医院、社区卫生服务中心（站）等从事临床护理、口腔护理、老年护理、社区护理等工作的中等护理人才。

（2）专业主干课程：人体解剖与生理、病理学基础、病原生物与免疫学、护理入门、护理药理、基础护理技术、健康评估、内科护理、外科护理、妇产科护理、儿童护理、护理伦理与法律法规、护理沟通与礼仪等课程。

（3）就业岗位：各级各类医院、疗养院、社区卫生服务中心、企事业单位医务室及其他卫生保健机构和疾病防治机构等岗位。

2. **护理4+2**

护理4+2是现代职教体系贯通培养4+2项目，专业主干课程与中职护理专业主干课程一致，前四年授课地点在通州、海门，参加中职职教高考转段升学考试，通过并被录取后在苏州卫生职业技术学院、江苏卫生健康职业学院、江苏护理职业学院学习，获取全日制学历大专文凭。

3. **药剂**

（1）培养目标：熟练掌握药剂专业必需的文化基础知识和专业知识，具有良好的职业道德和较强的职业能力，能够从事药品生产、经营、使用等工作的中等技术技能人才。

（2）专业主干课程：解剖生理学、生物化学、分析化学、病原微生物与免疫学基础、临床医学概要、天然药物学基础、药物化学基础、药理学基础、药物分析、药剂学基础、医院药房与药店药品管理、药事管理与法规、药学综合知识与技能等。

（3）就业岗位：各级各类医院药剂科、药品生产和经营企业涉及处方调剂、药品管理、用药指导、医药物流、药物制剂生产等岗位。

4. **药剂4+2**

药剂4+2是现代职教体系贯通培养4+2项目，前四年在本校学习。参加中职职教高考转段升学考试，通过并被录取后在苏州卫生职业技术学院继续学习两年，毕业可获取全日制学历大专文凭。

5. 老年人服务与管理3+3

（1）培养目标：培养政治思想坚定，德智体美劳全面发展，具有一定的科学文化水平及良好的职业道德和人文素养，掌握老年健康照护、老年活动策划、养老机构运营管理、社会工作服务等专业理论知识和技能，适应管理服务一线需要的具有孝心、爱心、耐心、细心、恒心的高素质技术技能人才。

（2）专业主干课程：老年人康复护理、养老机构服务与管理、老年人活动与策划、老年人常见病预防与照护、老年人膳食与营养、老年社会工作、老年人家政服务等。

（3）就业岗位：老年机构、老年事业产业单位、老年社会团体领域，从事养老护理员、老年健康管理、老年事务管理、老年辅具应用、老年家政服务、老年健康评估师、社群健康助理员、老年社会工作者、老年产业经营、老年社团活动等工作。

老年人服务与管理3+3是现代职教体系贯通培养3+3项目，前三年授课地点在海门，参加中职职教高考转段升学考试，通过并被录取后在江苏工程职业技术学院学习，获取全日制学历大专文凭。

三、教学名师团队

为打造一流的师资队伍，学校自2010年起启动名师工作室建设，经过几年的建设与发展，学校名师工作室取得了较好的成绩，其中康复治疗名师工作室和融创护理名师工作室被评为省级名师工作室（图2-3—图2-9）。

图2-3 省级康复治疗名师工作室领衔人——沈爱明教授

图 2-4　省级融创护理名师工作室领衔人——钱美娟副教授

图 2-5　市级"天使梦"班主任工作室领衔人——邹娟副教授

图 2-6 内科护理名师工作室领衔人——袁俐教授

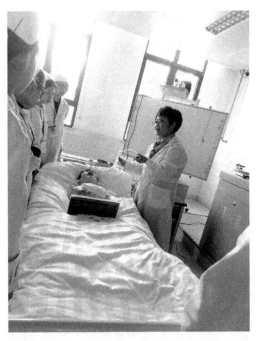

图 2-7 护理名师工作室领衔人——张美娟教授

图 2-8　全科医学名师工作室领衔人——毛静芳教授

图 2-9　英语名师工作室领衔人——罗海鹏教授

第三章

锻炼能力 提高自我

2023年5月31日，习近平在北京育英学校考察时提出，教育的根本任务是立德树人，培养德智体美劳全面发展的社会主义建设者和接班人。学生的理想信念、道德品质、知识智力、身体和心理素质等各方面的培养缺一不可。因此，学校要充分发挥党团组织作用，加强学生思想引领；积极开展军训活动，提高学生身心素质；发挥学生管理组织及学生社团育人功能，拓展学生综合素质；鼓励学历提升，做好生涯规划，提升学生核心竞争力。

第一节 党团组织

一、党团组织概述

党团组织是学校思想政治教育的生力军，也是学校思想政治教育工作宣传、教育、组织、实施的策划者、推动者、执行者，是国家政策、党的思想指南的落实者，是沟通学生与国家党政发展要求、思想政治路线的有效桥梁。学校要做好学生思想政治教育工作，就要全面认识党团组织，才能够充分发挥党团组织队伍的潜能，发掘其在学生中间自然而亲切的纽带关系，把学生思想政治教育工作落到实处。

（一）学生党组织

中国共产党是中国工人阶级的先锋队，同时也是中国人民和中华民族的先锋队，是中国特色社会主义事业的领导核心，代表中国先进生产力的发展要求，代表中国先进文化的前进方向，代表中国最广大人民的根本利益。无论是在腥风血雨的革命时期，还是朝气蓬勃的社会主义建设时期，都发挥着不可替代的决定性作用。学生党组织的一个突出特点是它的先进性，每年都有成千上万的学生努力提升自己，并积极向党组织靠拢，争取加入中国共产党的大家庭,在校园里,学生党组织的重要载体和形式是学生党支部,其主要由学生党员和少量教师党员组成,承担着对学生党员的培养、考察、教育和发展等基础性工作,以及对党的政治路线和上级决议的传达、学习和贯彻。

(二)学生团组织

共青团是中国共产党领导下的先进青年的群团组织,是广大青年在实践中学习共产主义的学校,是青年朋友畅想未来、实践创新、携手共进的大舞台。学校团委是学校团工作和活动的基本单位,它负责指导学校团的组织建设和思想建设,是管理团员、教育学生、指导学生社团活动开展的工作部门。团委由团员代表大会选举产生的委员组成,下设组织部、宣传部等。

学校共青团的组织机构由学校团委、系部团总支、班级团支部组成(图3-1)。学校团委是学校党委和行政领导下的群团组织。

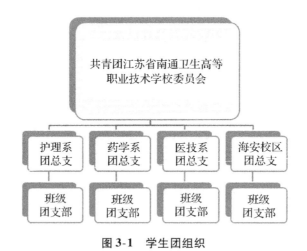

图3-1 学生团组织

二、党员、团员组织发展程序

(一)党员组织发展程序

发展党员工作应当贯彻党的基本理论、基本路线、基本纲领、基本经验、基本要求,按照控制总量、优化结构、提高质量、发挥作用的总要求,坚持党章规定的党员标准,始终把政治标准放在首位;坚持慎重发展、均衡发展,有领导、有计划地进行;坚持入党自愿原则和个别吸收原则,成熟一个,发展一个,及时把品学兼优的学生发展成党员。

1. 申请入党

(1)递交入党申请书。入党申请人向工作、学习所在单位党组织提出入党申请,没有工作、学习单位或工作、学习单位未建立党组织的,向居住地党组织提出入党申请。流动人员还可以向单位所在地党组织或单位主管部门党组织提出入党申请，也可以向流动党员党组织提出入党申请。

（2）党组织派人谈话。党组织收到入党申请书后，应当在一个月内派人同入党申请人谈话，了解其基本情况，介绍入党条件和程序，加强教育引导。

2. 入党积极分子的确定和培养

（1）推荐和确定入党积极分子。在入党申请人中确定入党积极分子，应采取党员推荐、群团组织推优等方式产生人选，由支部委员会（不设支部委员会的由支部大会，下同）研究决定，并逐级报具有审批权限的上级党委备案。

（2）上级党委备案。上级党委对入党积极分子人选进行认真审查，了解入党积极分子人选是否具备条件，手续是否齐全。党委的备案意见应及时通知党支部。备案同意的，发放《入党积极分子考察表》。

（3）指定培养联系人。党支部应为每名入党积极分子指定一至两名正式党员作为培养联系人，做好培养教育工作。党组织要向培养联系人介绍入党积极分子的相关情况，经常对他们进行帮助，并提出具体要求，督促培养联系人履行责任、完成任务。

（4）培养教育考察。党支部采取吸收入党积极分子听党课、参加党内有关活动、分配一定的社会工作、集中培训等方法，对入党积极分子进行培养教育。入党积极分子一般每三个月向党支部递交一次思想汇报。党支部每半年对入党积极分子进行一次考察。

3. 发展对象的确定和考察

（1）确定发展对象。对经过一年以上培养、教育和考察，基本具备党员条件的入党积极分子，在听取党小组、培养联系人、党员和群众意见的基础上，支部委员会研究确定发展对象人选。

（2）报上级党委备案。党支部将发展对象人选逐级报具有审批权限的上级党委备案。党委对发展对象人选进行审查，研究提出意见，并以书面形式通知党支部。经党委备案同意后，方可列为发展对象。

（3）确定入党介绍人。党支部指定两名正式党员作为发展对象的入党介绍人，对发展对象继续培养、教育和考察。入党介绍人一般由培养联系人担任，也可由党组织指定。入党介绍人不能由发展对象自己约请。

（4）进行政治审查。党支部必须对发展对象进行政治审查，审查情况应当形成结论性材料。凡是未经政治审查或政治审查不合格的，不能发展入党。对流动人员中的发展对象进行政治审查时，还应当征求其户籍所在地和居住地基层党组织的意见。

（5）开展集中培训。基层党委或县级党委组织部门对发展对象进行短期集中培训并组织考试。培训时间一般不少于三天或不少于二十四学时。培训时主要学习习近平新时代中国特色社会主义思想，学习党章、《关于新形势下党内政治生活的若干准则》等文件。未经培训的，除个别特殊情况外，不能发展入党。对参加短期集中培训考核合格但三年之内未被接收为预备党员的发展对象，党组织吸收其入党前，应组织他们重新参加短期集中培训并考核。

4. 预备党员的接收

（1）支部委员会审查。支部委员会征求党员和群众的意见，对发展对象进行严格审查，经集体讨论认为合格并公示无异议后，逐级报具有审批权限的基层党委预审。

（2）上级党委预审。基层党委对发展对象的条件、培养教育情况等进行审查，根据需要听取执纪执法等相关部门的意见。审查结果以书面形式通知党支部，并向审查合格的发展对象发放入党志愿书。发展对象未来三个月内将离开工作、学习单位的，一般不办理接收预备党员的手续。

（3）填写入党志愿书。预审合格的发展对象，在入党介绍人的指导下，认真填写入党志愿书。支委会要对发展对象填写的入党志愿书和有关情况进行严格审查。

（4）支部大会讨论。经基层党委预审合格的发展对象，由支部委员会提交支部大会讨论。支部讨论两个以上发展对象入党时，必须逐个讨论和表决。党支部应及时将支部大会决议写入入党志愿书，连同《记实手册》，逐级报上级党委审批。

（5）上级党委派人谈话。党委审批前，应指派党委委员或组织委员同发展对象谈话，作进一步的了解，并帮助发展对象提高对党的认识。谈话人应当将谈话情况和自己对发展对象能否入党的意见如实填写在入党志愿书上，并向党委汇报。

（6）上级党委审批。上级党委对党支部上报的接收预备党员的决议，应在三个月内（特殊情况可延长至六个月）审批。党委会审批两个以上的发展对象入党时，必须逐个审议和表决。经党委会集体讨论和表决，发展对象符合党员条件、入党手续完备的，批准其为预备党员，审批意见写入入党志愿书，注明预备期的起止时间，并通知报批党支部。

（7）在上一级党委组织部门备案。党委应将审批结果及时报上级党委组织部门备案，并通知报批党支部。

5. 预备党员的教育、考察和转正

（1）编入党支部和党小组。党组织应当及时将上级党委批准的预备党员编入党支部和党小组，对预备党员继续进行教育和考察，使预备党员通过参加党的组织生活，更好地接受党组织的教育和考察，克服缺点，锤炼党性，努力成为一名合格的共产党员。

（2）入党宣誓。预备党员必须面向党旗进行入党宣誓。入党宣誓仪式一般由基层党委或党支部（党总支）组织，应在上级党委批准接收预备党员后及时举行。

（3）继续教育和考察。党支部通过党的组织生活，以及本人汇报、个别谈心、集

中培训、实践锻炼等方式，对预备党员进行教育和考察。

（4）提出转正申请。预备期满前一至两周，预备党员应主动向所在党支部提出转为正式党员的书面申请，并自觉把在预备期间的表现和主要优缺点向党支部作出比较系统、全面的书面汇报。

（5）支部大会讨论。在党小组提出意见、党支部征求党员和群众意见、支部委员会审查的基础上，由支部委员会提交支部大会讨论、表决预备党员转正事宜。

（6）上级党委审批。党委对党支部上报的预备党员转正的决议应当在三个月内审批。经党委会集体讨论和表决，预备党员符合转正条件、转正手续完备的，批准其为中共正式党员，审批意见写入入党志愿书，并将审批结果通知党支部。党支部书记应当同本人谈话，并将审批结果在党员大会上宣布。

（7）材料归档。预备党员转正后，党支部应在一个月内将其《记实手册》及入党志愿书、入党申请书、政治审查材料、转正申请书，以及培养、教育、考察材料原件，交基层党委保存。

（二）团员组织发展程序

职业院校承担着向高校和社会各界输送合格团员的重要任务，因此，在建设团员队伍时必须强调规范化建设。从入团前教育到团员管理必须严格依照程序进行，做到入团程序的规范化。发展团员的程序主要包括确定发展对象，培养、考察发展对象，接受发展对象入团三方面。

1. 确定发展对象

以各班级团支部为单位，要求入团的学生必须向团支部委员会提出书面申请。由各团支部初步确定名单，并交给本班班主任审核，再由各班团支书将本班名单与入团申请书交给校团委。对受过处分的学生予以一票否决，校团委再进行进一步的考察，最终确定发展对象。

2. 培养、考察发展对象

（1）团前教育阶段。

被确定为团员发展对象的学生，将参加团校学习。团校每学期开展一期，做到有组织、有师资、有教材、有大纲。这些学生将接受马克思列宁主义、毛泽东思想、邓小平理论、"三个代表"重要思想、科学发展观和习近平新时代中国特色社会主义思想的系统教育。学习内容以团章、团史为主，学习过程中要注意理论联系实际。入团青年必须参加团校考试并且合格。

（2）考察、培养阶段。

① 入团前一个月为考察期。凡申请入团的学生，必须由本支部两名团员做介绍人。介绍人可由申请人自己选择，也可由团支部指定。

② 在团活动中吸收发展对象共同参加，并有意识地分配社会工作。

③ 介绍人每月找发展对象谈话一次，向被介绍人说明《中国共产主义青年团章程》（以下简称《团章》）。

④ 介绍人应负责向团组织说明被介绍人的经历、表现，以及培养、考察情况。

3. 接受发展对象入团

（1）填写《入团志愿书》。

校团委经过对发展对象的培养、考察，认为其具备入团条件，达到入团标准时，将组织一次《团章》考试，考试合格者，发放《入团志愿书》。《入团志愿书》要求申请人认真、实事求是地填写，不能涂改。

（2）各班由团支书主持召开支部团员大会。

① 申请人在支部大会上宣读《入团志愿书》。

② 介绍人介绍申请人的情况。

③ 全体团员就申请人是否具备入团条件进行讨论。

④ 有表决权的学生进行表决（要求有2/3以上的学生通过，才准予其入团）。

（3）团委会批准阶段。

① 团委组织部在团委会上介绍发展对象情况。

② 在充分发表意见的基础上进行表决。

③ 在《入团志愿书》中填写团委的决议，加盖公章，注明时间。

④ 填写《新团员批准通知书》，下发团徽、团员证。

⑤ 将《入团志愿书》存入本人档案。

⑥ 将新团员编入团支部，开始组织生活，从批准之日起新团员开始缴纳团费。

（4）入团宣誓仪式。

① 团委组织安排，选择合适的场所进行全校入团仪式。

② 团委干部宣读新团员名单。

③ 新团员宣誓。

④ 校党支部代表勉励新团员佩戴团徽。

⑤ 新团员代表表态发言。

⑥ 老团员代表讲话。

⑦ 全体团员高唱团歌。

第二节　学生军训

一、军训

(一) 军训规定

依据《中华人民共和国国防法》《中华人民共和国兵役法》《中华人民共和国教育法》以及国务院、中共军委有关文件精神，结合我国高等教育发展、国防和军队建设发展的实际情况，制定《普通高等学校军事课教学大纲》，文件规定："军事课是普通高等学校学生的必修课程。""军事课纳入普通高等学校人才培养体系，列入学校人才培养方案和教学计划，实行学分制管理，课程考核成绩记入学籍档案。""军事课考核包括军事理论考试和军事技能训练考核，成绩合格者记入学分。"

(二) 军训守则

(1) 参训学生必须刻苦训练，精神振作，严肃认真，自觉遵守各项规章制度，努力完成规定的军事技能训练任务。

(2) 参训学生必须服从教官命令，听从教官指挥，虚心向教官学习过硬的军事本领，苦练基本军事技能，保持优良的作风，遵守严明的纪律。

(3) 参训学生在军训场上不准打闹或进行与军事训练无关的活动，不准损坏校园树木花草，不准在校园内乱丢杂物，注意环境卫生，每次训练结束后必须清理现场，保持训练场清洁。

(4) 参训学生不得无故缺席，训练期间，有特殊情况不能参训，须经连指导员和营教导员同意，并报军训团批准后方可停训，否则作旷课处理。除特殊情况外，缺训1.5天，扣除本课程的2个学分。

(5) 参训学生如在军训期间违反军训纪律，不服从命令，不听从指挥，不尊重教官的，除批评教育外，视情节轻重，给予相应的纪律处分，同时扣除本课程的2个学分。

(6) 帮训部队必须根据军训计划，科学实施，循序渐进，劳逸结合，强弱得当，严禁体罚学生和变相体罚学生，坚决杜绝打骂现象。学生之间、连与连之间、营与营之间要互帮互学，维护集体荣誉，积极努力完成军训任务。

(7) 军训教官要为人师表、严肃认真、以身作则，以良好的军人素质、良好的作风、奋发向上的精神影响学生、教育学生，要严格执行军训计划、严格要求、严格训练，保证军训质量。

（8）班主任须每天到训练现场、宿舍，检查本班学生军训和内务整理情况，协助教官做好本连军训工作，每天上午（7：40—10：30）、下午（14：00—16：30）必须到训练现场签到。军训团各级干部必须每天到现场检查学生训练和内务整理情况，每日填写军训日志。

（9）军训结束后，各系部对军训进行认真总结，并形成书面材料，报学生军训工作领导小组。

图3-2为学生正在进行军训。

图3-2　学生军训

（三）内务卫生规定

（1）内务一般以营为单位统一规定。要求清洁美观、统一有序、室内卫生应按公寓化管理要求，清洁美观，便于长期坚持。

（2）床单要清洁平整。被子叠成长50～55厘米、宽40～45厘米的方块，置于床的一端中间，蚊帐按规定统一挂放，褥子下面禁止放杂物、书籍等。

（3）铺下鞋子放置在一条线上，茶缸、牙刷、毛巾、水瓶、脸盆、箱包必须统一摆放整齐。

（4）严禁在室内张贴纸，严禁在墙面上钉钉子。课表、作息时间表、轮流值日表应贴在门后。

（5）室内外地面应保持清洁，严禁乱扔果皮、纸屑等，禁止向楼道和窗外泼水、倒垃圾。

（6）不准随地吐痰，严禁在桌面、室内外墙壁上乱写乱画。

（7）建立卫生清扫值日制度，保持室内外清洁整洁、美观卫生。

（四）军容风纪规则

1. 参训人员统一着装，保持军容严整，仪表整洁

（1）着军服时应按规定穿戴。

（2）必须戴正军帽，扣好衣扣，不得卷裤腿、披衣敞怀，内衣下摆不得外露。

（3）男生不准留大包头、大鬓角和胡须；女生不得烫发、抹口红、戴戒指和项链。

2. 军训着装要求

（1）隆重集会时着军装；操课时间统一着军服或训练服。

（2）外出时应着便服，严禁军便服混穿。

（3）除体育活动外，离开宿舍时不得赤脚或只穿背心，不得穿拖鞋。

（五）请销假制度

（1）无特殊原因不得请假。

（2）因伤病等原因确需临时请假者，须经班主任批准。有特殊疾病不能参加军训者，必须持三甲医院证明，交由班主任向团委申请。

（3）返回后及时报告销假。

学子风采

2020年11月20日，南通大中专院校军训汇报展演在江苏商贸职业学院举行。此次展演由南通市教育局、南通军分区战备建设处、南通市人民防空办公室和南通市国防教育委员会办公室联合举行，共有来自南通大学、南通职业大学、南通卫生高等职业技术学校等11所院校的百余名学生参加。

汇报展演共设战斗精神歌曲演唱、战伤救护、国防教育主题演讲、队列展示四大项目。

第一项，战斗精神歌曲演唱。学校代表队带来了《歌唱祖国》《人民军队永远忠于党》两首歌曲，演绎得激情豪迈（图3-3）。

图 3-3　学生演唱战斗精神歌曲

第二项，国防教育主题演讲。学生基正娟带来的演讲《追随英雄的步伐》，感情充沛，表达流畅，充分体现了卫校学子的精神风貌（图3-4）。

图 3-4　学生演讲《追随英雄的步伐》

第三项，战伤救护。同学们团结合作，一丝不苟，整个流程快速有序（图3-5）。

图 3-5　学生战伤救护演练

第四项，队列展示。在汇报展演中，卫校学子动作标准，整齐划一，不怕苦、不怕累，展现了白衣天使的风采（图3-6）。

图3-6　学生队列展示

最终，学校代表队荣获歌唱单项一等奖，团队战伤救护、国防教育主题演讲二等奖的好成绩。此次军训会操，不仅加强了学生的国防教育效果，提升了整体素质，也让新生树立了团队意识及为校争光的责任感（图3-7）。

图3-7　学生军训汇报展演

第三节　学生管理组织

一、学生会

学生会是中国共产党领导下的中国高等学校学生会、研究生会和中等学校学生会的联合组织。它的主要任务是：

（1）遵循和贯彻党的教育方针，促进同学德智体全面发展，团结和引导同学成为热爱祖国、适应中国特色社会主义现代化建设事业要求的合格人才。

（2）发挥作为党和政府联系同学的桥梁和纽带作用，在维护国家和全国人民整体利益的同时，表达和维护同学的具体利益。

（3）倡导和组织自我服务、自我管理、自我教育、自我监督，开展健康有益、丰富多彩的课外活动和社会服务，努力为同学服务。

（4）增进各民族同学的团结，加强与港澳台地区同学的联系，促进中华民族的团结和伟大祖国的统一。

（5）发展同各国、各地区学生和学生组织的友谊与合作，支持各国、各地区人民和学生的正义事业。

二、社团联

南通卫生高等职业技术学校社团联合会（以下简称"社团联"）是在校团委的直接指导下，管理社团工作、服务社团发展的学生组织，旗下管辖涵盖文学学术、实践服务、艺术文化、爱好兴趣、体育运动等功能丰富、类型兼备的各类学生社团组织。它充分调动众多社团及其会员的积极性和创造性，全面开展有深度、有内涵、有品位、有价值、有意义的社团活动，不断丰富校园文化生活，提高当代学生的学习能力、实践能力、组织能力和创新能力，积极引导、管理、协调、服务、监督和考核全院的学生社团，通过组织学生社团广泛开展丰富多彩、健康向上的学术、科研、文体及公益活动，既活跃了校园文化，又提高了全校学生的综合素质。

社团联下设主席团、综合办公室、组织部、秘书部、外联部、宣传部等。

附录

如何成为一名优秀的学生干部

学生干部作为学生基层组织各种活动和工作的组织者和领导者，必须具备较高的政治觉悟和思想品质。

1. 充分认识学生干部这个职务，找准位置

（1）学生干部是学生。从学生本位出发，应该努力践行学生的本分。学生的本分是什么？当然是学习。学习的内容是非常广泛的，既包括科学文化知识，又包括思想道德、做人做事的原则；既有理论的学习，又有实践的学习。要想当好一名学生干部，首先要当好一名学生。

（2）学生干部是干部。既然是干部，就要履行干部的职责和使命。学生干部的使命是什么呢？就是要以学习为中心，牢牢把握住学生成长成才、锻炼和提高综合素质这条主线，协助老师、带领同学、服务同学，培养自己乐于奉献的精神，全面提高自己的素质和能力。

因此，学生干部既是学生，又是干部，两者不可分割。记住一句话："别人没想到的，你想到了；别人不愿干的，你去干了；苦事难事勇承担，你就会变得越来越优秀。"

2. 成为学生干部需要具备的基本条件

要真正成为一名优秀的学生干部，必须具备以下基本条件：

（1）政治上要坚定。恪守马克思列宁主义、毛泽东思想和邓小平理论，自觉践行"三个代表"重要思想，带头贯彻落实科学发展观，学习习近平新时代中国特色社会主义思想，坚决执行党的路线和各种方针政策，践行社会主义核心价值观，自觉遵守学生会各项规章制度。

（2）学习上要刻苦。带头学习各类知识，不断提高思想政治水平和工作能力。

（3）工作上要勤奋。有强烈的革命事业感和责任感，善于思考、勇于创新，积极主动地在青年中开展工作，做出成绩。

（4）作风上要扎实。能够实事求是，深入同学进行调查研究，讲实话、办实事、求实效，不搞形式主义，热心为同学服务。

（5）品德上要高尚。能顾全大局，公道正派，发扬民主。

第四节　学生社团

一、什么是学生社团

学生社团是学校落实立德树人根本任务、推进学生人文素质教育的重要载体，是学生根据成长成才需要，结合自身兴趣特长，在学校党委的领导和团委的指导下开展活动的群众性学生团体。

学生社团的基本任务是以习近平新时代中国特色社会主义思想为指导，团结凝聚广大青年学生，坚持思想性、知识性、艺术性、多样性相统一的原则，积极开展方向正确、健康向上、格调高雅、形式多样的社团活动，丰富学生课余生活，繁荣校园文化，促进青年学生德智体美劳全面发展。

二、学生社团与能力锻炼

学生社团活动在培养学生的能力和素质方面起着突出的作用，主要表现在以下几个方面。

1. 组织能力

学生社团活动要求全体成员参与，各自担任自己的角色。这样可以锻炼学生的计划、组织、控制、协调、指挥和领导的能力，以及团结协作和共同攻关的能力。

2. 自学能力

社团活动可以为学生创造一个良好的自学环境，进一步激发学生的学习兴趣，从而提高学习的积极性。

3. 思维和创造能力

社团活动给学生提供宽松、自由、和谐的学习氛围，有效调动学生的积极性，让他们在活动中充分发挥自己的聪明才智，提升思维和创造能力。

4. 表达能力

学生在社团活动中各抒己见，充分发表自己的观点，提出自己的主张和建议，无形中语言表达能力和书面表达能力都得到了锻炼。

5. 实践和适应社会能力

社团活动为学生提供了走出校园、深入社会、接触社会、了解社会的机会，学生通过实践活动，可以锻炼实践和社会适应能力。

三、如何选择社团

1. 兴趣很重要

社团的种类多种多样,但并非所有的社团都适合自己。每个人的兴趣、爱好是不同的。擅长文艺的学生可以到话剧团、合唱团或舞蹈团;喜欢演讲的学生可以进演讲协会、文学社团;爱好运动的学生则可选择自行车协会、拳击协会;爱护环境、喜爱大自然的学生可以参加环保协会;喜欢新闻采编的学生,校记者团、广播站则给了他们施展才能的机会。如此多的社团,只要感兴趣,总能找到最适合自己的一个。

2. 自信是关键

大多数学生在进入大学之前除了学习之外,很少参加社团活动,所以有些人在报名面试时显得唯唯诺诺,很不自信,生怕自己干不好,于是放弃选择。其实这是完全没必要的。自信是做好事情的前提,每年招新成员时招新人员一般都会问报名者如果入选能否做好分内工作,一些学生很小声地回答"可能"或"试试看吧",显得过于谦虚谨慎,结果未被录取;而有的学生则回答得很干脆,如"能"或"保证做好",非常自信。所以新生在面试社团时要对自己有信心,因为社团工作其实很大众化,并没有想象的那么难,只要认真对待,肯定能干得很出色。

3. 选择不草率

选择社团时,要综合多方面因素和条件,考虑清楚后再做决定,切不可草率。一些学生匆匆忙忙地选了一个社团,待了一段时间后觉得不合适,很快就放弃了,可谓"来也匆匆,去也匆匆",结果不仅自己一无所获,而且影响了社团正常的运转。

4. 数量勿贪多

参加社团固然很好,但其前提是不要与正常学习相冲突。有的人觉得社团活动丰富多彩,很有意思,就参加了好几个社团,整天不是到这个社团开会,就是去那个协会值班,如此忙碌,难免顾此失彼,更有甚者严重影响学业,得不偿失。因此,建议选择一两个自己感兴趣、擅长的社团即可,毕竟学生还是以学习为主。

5. 不可太功利

抱着功利性的想法去参加社团是非常不可取的。有的学生参加社团是为了可以在每年的综合测评或品德考评时得到加分,从而获得奖学金;有的学生希望能够在社团中混个"一官半职",以此来提高自己的知名度;还有的学生认为如果不参加社团,自己的经历显得太单调,将来的毕业简历上内容不够丰富。这些无疑会使原本纯洁的社团文化蒙上一层不太纯洁的色彩。

那么参加社团到底为了什么?社团为学生提供了一个与人和社会接触的机会,从中可以提高自己的社交能力、实践能力、自制能力、生存能力,弥补某些性格上的缺陷,也可增进同学之间的相互了解，结识更多的新朋友。另外，更重要的是，在社团活动中能够提高服务意识和实践能力，在服务他人、奉献社会中实现自己的人生价值。

6. 认真参与

一旦入选某个社团，就得认真去做好社团的每一项工作，坚持到底。不要把自己在社团中的职位看得过重，要知道不论做什么工作都是对自己很好的锻炼。

学校社团掠影

青年马克思主义学习社：青年马克思主义学习社以"研习马克思主义，传承红色基因，争当'五心'天使"为宗旨，学习和宣传马克思列宁主义、毛泽东思想和中国特色社会主义理论，尤其是认真学习贯彻习近平新时代中国特色社会主义思想，不断用新思想凝魂聚气、固本培元。社团采取"读原著、听党史、唱红歌、演红剧、搞调查、写报告、办竞赛"等多种活动方式，组织学生利用假期和课余时间开展进班级、入社区、访农村、参观革命圣地等多种实践形式，开展理论宣讲、经典共读、红色研学、实践研修等特色活动（图3-8）。

图 3-8　青年马克思主义学习社

足球社：足球社以公平竞争、团结合作、增进友谊为宗旨，以强身健体、丰富学生课外生活、加强团队意识为目的（图3-9）。足球社自成立起，在多次比赛中获得优异成绩，曾获得2018年南通市青少年校园足球联赛总决赛一等奖。

图 3-9　足球社

瑜伽社：瑜伽社是面向全校瑜伽爱好者的交流组织。瑜伽是一种身体、心灵与精神和谐统一的运动形式。瑜伽社自创办以来，每年都会为社员们开展有关瑜伽的各项活动。固定课程有每周两次的室内瑜伽课程和一次户外瑜伽课程。此外，还不定期为大家进行瑜伽培训、举办瑜伽舞竞赛及联欢等活动（图 3-10）。

图 3-10　瑜伽社

书画协会：书画协会的宗旨是立足协会特色，为爱好书法、绘画的同学们提供一个学习、展示和相互交流的平台，用简单的纸、笔和墨水渲染出一幅幅古色古香的画卷，从中体会到书画的古典韵味，陶冶情操（图 3-11）。

图3-11 书画协会

汉服社：以宣传与发扬汉族传统服饰文化为目的而建立。成功举办了将传统节日和现代生活完美融合的各项活动，有冬至饺子大赛、汉服知识讲座、校园汉服文化节等活动（图3-12），是学校热门社团之一。

图3-12 汉服社

跆拳道社：以传授跆拳道技术为主，每周定期举行1~2次训练（图3-13）。练习跆拳道既可以健身，也可以防身。社员通过刻苦训练，精进技术，培养勤奋、坚忍的传统美德，提升精神境界。

图 3-13　跆拳道社

吉他社：本着"丰富校园生活，推广音乐文化，学才共进"的宗旨开展社团活动。每位社员都怀着对吉他的热爱而来。社团每周进行一次常规的社团活动，包括系统学习有关吉他的知识和技能（图 3-14）。这里是音乐爱好者的舞台。

图 3-14　吉他社

DM 爵士舞社：该社团以丰富学生课余生活、提高各方面素质及促进学校文化建设为主旨，让社员在学习压力下放松自己的心情，以良好的心态来对待学习、对待生活。该社团在校内外的比赛中多次获奖，活跃于学校的各项活动中（图 3-15）。

图 3-15　DM 爵士舞社

针灸推拿协会：针灸推拿协会是学校一个纯学术性质的社团（图 3-16）。最初目的是提高学生的专业水平，社团成员全部为康复推拿专业的学生。主要开设的课程有推拿、针刺、艾灸、刮痧、拔罐、耳穴、药酒、花茶、四季养生小知识。同时本社团会开展一些志愿活动，让同学们能够走出学校、奉献社会。

图 3-16　针灸推拿协会

第五节 职业生涯规划

卡耐基说:"如果想要快乐,就为自己立一个目标,使它支配自己的理想,放出自己的活力,并鼓舞自己的希望。"一个没有计划的人生就像一场没有球门的足球赛,球员和观众都觉得索然无味。为此,我们要及早规划自己的发展蓝图,更要用勤奋与智慧去实现人生目标。

一、职业生涯规划的概念

每个大学生毕业后都会参加工作,开启职业生涯。但对于什么是工作、什么是职业、什么是职业生涯这些概念,大多数大学生还不太清楚。这里首先作一简单介绍。

(一) 工作的定义

从个体角度讲,工作指个体付出体能或心智上的努力,以产生某事或结果,从而获得报酬的活动。

(二) 职业的定义

不同的人、不同的社会对职业有着不同的看法和观点。

在现实生活中,人们对"职业"一词有许多种不同的理解。有人认为,职业就是"某一种稳定的工作",如医生、教师等;有人认为,职业是一种"生活来源";还有人认为,职业是一种"专业类别",是一种"等级身份"。

从词的外延角度来看,"职业"一词包含三层意思:一是必须有能让人发挥专长和施展才能的工作可做,即劳动;二是付出劳动后应有工资或其他形式的经济收入,即有报酬;三是承担一定职责并得到社会的承认。这些要素充分体现了职业是社会与个人、整体与个体的结合点,社会整体依靠个体通过职业活动来推动和实现发展目标,个体则通过职业活动对整体做出贡献并索取一定的回报以维持生活。整个社会因众多的职业分工和从业者的工作构成了人类共同生活的基本结构。简而言之,作为职业,谋生是基础,发展是追求,奉献是目的。

(三) 职业生涯的定义

职业生涯是人一生的工作历程,是追求自我实现的重要人生阶段,对人生价值起着决定性的作用。美国职业心理学家萨柏认为,"生涯"是生活里各种事件的方向,人一生所经历的职业及非职业活动都应视作为职业生涯的内容,即指一个人从青春期至退休所有有酬、无酬职位的综合，除了职位以外，还包括与工作有关的各种角色。因此，一个人从学习开始到职业劳动最后结束的这一完整旅程就是职业生涯。

另一种较狭义的定义来自霍尔，他主张职业生涯只包括一个人一生中与其职业相关的活动和经验。按照这个定义，职业生涯起始于任职前的职业学习和培训，终止于退休。

（四）职业生涯规划的定义

职业生涯规划是指个人结合自身情况及机遇和制约因素，对职业的选择、职业的适应和职业的发展所进行的设计和规划。职业生涯规划能够为自己确立职业目标，选择职业发展的路径，制订教育、培训和发展计划等，并确定职业生涯目标时间和行动方案。因此，职业生涯规划的实质就是为实现职业目标，制作行动方案。简而言之，就是指个人为自身的职业发展所做的策划和准备，使自己定位于最能发挥自己长处的位置，可以最大限度地实现自我价值。

二、职业生涯规划的类型

职业生涯规划的目的不只是协助个人达到和实现目标，更重要的是帮助个人真正了解自己，并且进一步详细评估内外环境的优势和限制，在"衡外情，量己力"的情形下，设计出合理、可行的职业生涯发展规划。以下列出了成功的职业生涯类型与评价标准。

（一）职业生涯成功类型与评价标准

1. 职业生涯成功类型

进取型：视成功为升入组织或职业的最高阶层。特别注重在群体中的地位，追求更高职务。

安全型：追求认可、稳定，视成功为长期的稳定性。

自由型：追求不被控制，视成功为经历的多样性。希望有工作时间和方法上的自由，不喜欢打卡式的限制时间。

攀登型：喜欢挑战、冒险，愿意做创新工作，视成功为螺旋式不断上升、自我完善。

平衡型：视成功为家庭、事业、自我等均衡协调发展。

2. 职业生涯成功的评价标准

职业生涯成功的评价标准如表3-1所示。

表 3-1　职业生涯的评价标准

评价内容	评价者	评价内容	评价标准
自我评价	本人	①自己的才能是否充分施展 ②是否对自己在企业发展、社会进步中做的贡献满意 ③是否对自己职称、职务、工资待遇的变化满意 ④是否能处理职业生涯发展与其他人的关系	根据个人的价值观念及个人知识能力水平
家庭评价	父母、配偶、子女等	①是否能够理解 ②是否能够给予支持和帮助	根据家庭文化
企业评价	上级、下级、平级	①是否曾获得下级、平级同事的赞赏 ②是否曾获得上级的肯定和表彰 ③是否曾获得职称、职务的提升 ④是否有工资待遇的提高	根据企业管理体系、企业文化及企业总体经营结果
社会评价	社会舆论、社会组织	①是否曾获得社会舆论的支持和好评 ②是否曾获得社会组织的承认和奖励	根据社会文明程度、社会历史进程

3. **职业生涯规划的类型**

按照规定的时间维度，职业生涯规划可分为短期规划、中期规划、长期规划和人生规划四种类型。

短期规划：指 2 年以内的规划，主要是近期目标，规划近期应完成的任务。

中期规划：一般指 2~5 年的职业目标和任务，是最常见的职业生涯规划。

长期规划：指 5~10 年的规划，主要是设定较长远的目标，以及为实现此目标应采取的具体措施。

人生规划：指整个职业生涯的规划，时间长达 40 年左右，设定整个人生的发展目标和阶梯。

个人职业生涯规划从短期到中期，再到长期，直至整个人生规划，如同台阶，需要一步一步地向上走。在实际操作中，跨度时间太长的规划难以把握，而跨度时间太短的规划意义又不大。因此，一般把职业规划的重点放在 2~5 年的中期规划，这样既便于根据实际情况设定可行目标，又便于随时根据现实的反馈进行修正或调整。

三、职业生涯规划的意义

（一）职业生涯规划教育促使学生发挥自身潜在优势

对于学生来说，由于其还没有真正地接触过社会，自身的思想认知并不成熟，所以对于自己的未来还存在较为明显的盲目性，很多学生在即将毕业时，会产生烦躁情绪，一时无法很好地协调好自己的学习及工作，出现自暴自弃的情况。而对学生加以职业生涯规划教育指导，辅助其针对性地进行职业生涯规划，可有效解决这些问题。学生可以静下心来思考自己有哪些优势、哪些特长，自己想要有什么样的未来，想要接触什么样的领域，从而更加坚定自己的方向，激发自身潜能。只有确立了目标，学生才能够更精准地进行规划，更好地发挥自己的能力，朝向既定目标而努力。而在努力的路途中，其自身的很多潜在优势都能够得到有效激发。

（二）职业生涯规划教育让学生快速认识自我

很多在校生对于职业的认识并不清晰，尤其对职业院校的学生来说更是如此。很多学生之所以选择职业院校，主要原因在于中考失利，或者自身的学习意识并不强。在没有目标、没有动力的前提下，部分学生进入职业院校后，终日无所事事，沉迷网络或沉迷一些无意义的社交而不能自拔。通过职业生涯规划教育，学生可以客观地认识与职业有关的基本信息，如职业的概念、职业的类型、职业的选择及各种不同职业的优势。在对某一领域形成了特定的认识后，学生便会主动代入自己，去思考自己未来想要从事什么样的工作，想要成为什么样的人，从而会有目的地去靠近这一目标，间接地认识自我并完成自我觉醒。

（三）职业生涯规划教育可以提高学生的自信心

在现实生活中，很多学生会因为还没有接触过社会，还没有经历过真正的挫折，所以不具有较强的抗挫能力。每当遇到一些比较困难或者复杂的事情时，会下意识逃避。在职业生涯规划教育中，学生不仅会了解到与未来职业有关的信息，也会了解一些心理学的内容，知晓在职业生涯发展中自信心的重要性。信心是一个人成功的动力源泉，当学生具备职业生涯规划意识，对自己的未来有一定的想法，便会有足够的自信心去迎接挑战。

（四）职业生涯规划教育让学生找到正确的人生目标

职业生涯规划教育可以让学生找到正确的人生目标，认识自我、实现自我。著名心理学家马斯洛曾指出，人类个体的需求可划分为5种，其中一种就是自我实现的需求，也是人类最高的层次需求。不同的职业生涯规划面对着不同的职业方向，同样也面对着不同的人生。在学生还没有步入社会之前，引导其进行职业生涯规划，可以辅助其找准人生发展方向并实现自身的价值。所以，在教育工作中，教师应重点关注职业生涯规划教育，通过全面的辅助，让学生客观、冷静、合理地认识自我，找准定位，充分发挥职业生涯规划的计划性与动态性，在两者相互统一的状态下，更好地实现自我。

赛事一览

为更好地落实立德树人根本任务,引导学生主动对接社会需求,建立规划意识,树立正确的成才观、就业观,学校每年都会组织学生参加职业生涯规划大赛。以 2023 年为例,学校开展了围绕"筑梦"主题的职业生涯规划设计比赛,引导学生了解所学专业和未来职业方向,以准备从事的职业要求为标准,以自身职业能力提升为重点,做好职业生涯规划并落实在具体的行动中。各系学生踊跃报名,积极参与。经过激烈角逐,最终遴选 13 个优秀作品进入市赛。

据不完全统计,近三年我校学生参加省、市职业生涯规划大赛获一、二等奖人数近 30 人次(表3-2)。

表3-2 获奖作品一览

年份	作品标题	参赛者	获奖性质	获奖等级
2023	"急"你所急,爱你所爱	吴婷婷	市级	一等
2023	疮痍霁月,润以芳华	李佳	市级	一等
2023	"睛"彩才刚刚开始	周萌	市级	一等
2023	德泰康医药健身养生馆	陈亚丽	市级	一等
2023	记忆消退,爱当永存	张静怡	市级	一等
2023	一抹绿色,"手"护健康	梁欢	市级	二等
2023	踏路而行,自由前程	崔家瑶	市级	二等
2023	新月馨,母婴康	范鼎怡	市级	二等
2023	追梦军护,奋斗青春	缪晨旭	市级	二等
2023	呼吸之梦,"药"有所为	贲欣颜	市级	二等
2022	康复护理,"筑"力运动梦	陈悠然	省级	最佳
2022	传承中药瑰宝,护佑女性健康	宋江涵	省级	最佳
2022	康复护理,"筑"力运动梦	陈悠然	市级	一等
2022	传承中药瑰宝,护佑女性健康	宋江涵	市级	一等
2022	敬老从心开始,助老从我做起	孙思仪	市级	一等
2022	砥砺前行,逐梦心胸外	江鑫	市级	二等
2022	敬"幼"生命,守护新希望	李滢	市级	二等
2022	生命的守护天使,人生的引路明灯 ——成为一名优秀的带教老师	成洋	市级	二等
2022	幼有所托,老漂不漂 ——婴幼儿照护中心	蔡海燕	市级	二等
2021	清澈的爱,只为人民健康 ——未雨绸缪的中医卫士	葛月	市级	一等

续表

年份	作品标题	参赛者	获奖性质	获奖等级
2021	小小的窗户，大大的世界	吴婷婷	市级	一等
2021	天使之翼，为爱飞翔 ——"小薇"母婴护理服务中心	蔡海燕	市级	二等
2020	大块头"治愈"小生命" ——"男"丁格尔的儿科英雄梦	陈国进	省级	特等
2020	不负青春，砥砺前行 ——急诊护士的职业生涯规划	石瑞霄	市级	一等
2020	让行动成就梦想	赵菲	市级	一等
2020	战地玫瑰	朱鑫雨	市级	二等

希望同学们积极参加职业生涯规划大赛，树立明确的职业目标与职业理想，不断提高自己求职的核心竞争力，探索出最佳的职业生涯发展道路。

第六节　学历提升

职校生学历提升途径有三种：专升本、专接本、专转本。以 2022 年为例，下面介绍三种学历提升途径及具体要求，每年的学历提升途径及具体要求详见相关上级部门通知。

一、专升本

报考条件：

（1）拥护中国共产党的领导，品德良好，遵守中华人民共和国宪法和法律，能全心全意为伤病员服务，身体健康。

（2）报考专科起点升本科的考生必须是已取得经教育部审定核准的国民教育系列高等学校、高等教育自学考试机构颁发的医学类专科毕业证书及其以上学历毕业证书的人员，其学历证书必须经过教育部学历电子注册，电子注册号码必须能在"中国高等教育学生信息网"上查询到。

（3）报考医学门类专业的考生只能报考面向本人户口或工作所在地招生的院校专业，不得跨市报名。同时，根据国家卫生健康委员会和教育部的规定，还应具备以下条件：

① 报考临床医学等医学类专业的人员，应当取得省级卫生行政部门颁发的相应类

别的执业助理医师及以上资格证书，或取得国家认可的普通中专相应专业学历，或县级及以上卫生行政部门颁发的乡村医生执业证书并具有中专学历或中专水平证书。

② 报考护理学专业的人员应当取得省级卫生行政部门颁发的执业护士证书。

③ 报考医学门类其他专业的人员应为从事卫生、医药行业工作的在职专业技术人员。报考药学、中药学专业的人员应为该行业从业人员。

④ 考生报考专业原则上应与本人所从事的专业对口。

学习方法及费用：利用业余时间实行集中授课、网络授课、双休日实地上课。学员入学后学校将严格按照国家收费标准收取学费等各项费用。药学类专业：本科学费 2200 元/年，代办费 400 元/年（多退少补）。检验、护理、康复专业：学费 2500 元/年，代办费 400 元/年（多退少补）。

考试方式：药学专业采取自主招生方式录取，笔试加面试，考试通过率高达 95% 以上。

检验、护理、康复专业学生参加全国成人高考，考试科目：英语、政治、医学综合（含人体解剖学、生理学、诊断学、外科学总论）。

毕业：学员修完教学计划的全部课程，成绩合格，发给成人高等教育本科毕业证书，符合学士学位条件者，授予学士学位。所有毕业证书均按教育部要求上网注册。

二、专接本

专接本属于面向社会开考的自学考试范畴，为了使自学考试难度降低，江苏省高等教育自学考试委员会和江苏省教育厅联合发文，在全省普通全日制专科在籍学生中开展接读高等教育自学考试本科阶段课程的工作，简称专接本。目前，学校与南京医科大学联合开展护理专业的专接本合作办学项目。

专接本优势：门槛低，无须入学考试，报名即可注册上本科；不出校门，就可圆本科梦；两年可以拿到本科文凭；学校组织辅导，通过率高（与社会大自考相比）；费用低，为 4500 元/年（而专转本学费为 13 000 元/年）。

课程考核：学生要参加课程理论考试，由专科学校统一向所在市自考办报名，每年有 4 月和 10 月两次考试。

毕业条件：考生学完专接本专业考试计划规定的全部课程，成绩合格，并持有专科毕业证书、执业护士资格证书者，颁发由江苏省自学考试委员会与南京医科大学合署，并经教育部电子注册的高等教育自学考试本科毕业证书。

三、专转本

专转本是高职学生从普通高等专科学校转入普通高等本科院校的选拔考试，简称专转本。目前，专转本已经成为高职学生获得普通本科统招文凭的途径之一。选拔方式为统一考试，择优录取，与高考基本一致，考取后升入本科院校三年级就读，是普通高等院校本科生，统招类别。

选拔对象：列入江苏省普通招生计划、经市招生部门按规定程序正式录取在本省各类学校的五年一贯制高职的五年级在籍注册学生，经所在学校按要求推荐，均可参加普通高校专转本选拔。

接收院校和专业：根据学校实际情况，五年一贯制高职专转本接收院校具体名录详见江苏省教育厅每年招生工作通知。

考试及录取：考试由各接收院校自主组织考试，按照向社会公布的考试录取章程进行选拔并承担相应责任。考试科目为3门（英语及两门专业科目），英语为统考科目。考试内容由接收院校在招生章程中公布。江苏省教育厅统一划定英语最低录取分数线后，各高校按考试累计总分从高到低顺序确定拟录取考生名单。

学籍管理与就业：江苏省教育厅对录取结果进行审核和注册，并办理相关学籍变更手续。专转本学生学费与接收院校同专业学生实行相同标准。专转本学生不得转专业和转学。

专转本学生除国家和江苏省有明确规定的外，享受与转入学校本科生同等待遇。专转本学生毕业证书内容要按照国家规定填写。专转本学生毕业时，按国家有关本科毕业生的就业政策执行。

第四章

日常管理 共同成长

本章主要介绍学校的一系列规章制度，如"四自管理"条例、奖惩条例和学业管理条例等。同学们在认真阅读本章后，就能明白什么是该做的，什么是不允许做的，培养自觉遵纪守法的行为习惯，积极发挥自我管理、自我教育、自我服务、自主学习的主观能动性，有效保证学校正常的教育教学秩序。

第一节 "四自管理"条例

为进一步加强学生在校期间的常规管理，培养健康的审美能力、良好的学习和生活习惯、文明的道德风尚，形成比、学、赶、帮、超的优良校风，依据相关规章制度，特制定"江苏省南通卫生高等职业技术学校学生日常管理规范评分标准"（详见本章附录3）。

第一章 学习管理

第一条 早晚自习期间，应保持良好的学习状态，不得吵闹、随意走动或做与学习无关的事。

第二条 上课、早晚自习不得迟到、早退及旷课。

第三条 早晨7:15前离开宿舍楼，7:30前进教室晨读；下午两节课后15:35（夏令时）/15:05（冬令时）至16:40（夏令时）/16:10（冬令时），可正常参与社团活动或在教室里自习；16:45（夏令时）/16:15（冬令时）后，方可进入宿舍区。

第四条 上课期间，未经班主任批准，不得滞留宿舍或校园内，请假时必须出示假条（电子假条或纸质假条），或班主任现场电话确认。上报虚假请假信息者，严肃处理。

第二章　风貌管理

第一条　学生须按规定佩戴标志牌。
第二条　周一为全校校服日，如无特殊情况，须全天穿全套校服。
第三条　禁止穿奇装异服（露背、露肚脐等）、人字拖、凉拖。
第四条　禁止佩戴项链、手链、脚链、戒指、耳环、耳钉等首饰。
第五条　禁止化妆、烫染发及涂指甲油（透明色除外）。
第六条　禁止文身和使用文身贴。

第三章　教室管理

第一条　保持教室内地面干净，及时倾倒垃圾桶并保持整洁。
第二条　将课桌椅摆放整齐，讲台上物品及劳动工具有序摆放。
第三条　教室无人时，及时关闭灯、空调、投影仪，课桌桌面上除整齐摆放书本外，不允许摆放其他物品。
第四条　保持窗户、窗户槽、窗台、黑板及黑板槽干净清爽，白天应最大程度拉开教室内窗帘。
第五条　教学区域内，除瓶装饮料、盒装饮料外，一律禁止携带其他食品或杯装奶茶、咖啡类饮料进教学区域。
第六条　不得在教室内充电及使用违章电器。

第四章　宿舍管理

第一条　宿舍无人时，关闭门窗、灯、空调、排风扇、水龙头。
第二条　禁止使用不透光的床帘、床幔，上课期间应拉开蚊帐、窗帘。
第三条　应将被子与枕头分别放置于床两侧，抱枕、靠枕整齐放置于枕头或被褥上，不得放置其他杂物及玩偶；床栏及床梯上保持空置。
第四条　应将鞋子整齐摆放于床下（每人3双以内）。
第五条　应将桌椅摆放整齐，连排的桌子须排成一条线，无人时桌面及椅子上一律不允许摆放任何物品。
第六条　应将漱口杯、皂盒、洗手液分别放于洗漱台的两侧，并保持洗漱台上下的整洁；将热水瓶放于洗漱台下任意一侧，并靠墙摆放整齐。
第七条　将毛巾置于毛巾架上并悬挂整齐，不得悬挂除毛巾、洗脸扑以外的物品。
第八条　空床上只允许摆放收纳箱或行李箱，且须摆放整齐；宿舍地面、床底下及宿舍阳台应保持整洁。

第九条　宿舍内须按规定将盆置于盆架上且有序摆放，将清洁工具摆放整齐，垃圾桶内垃圾不得过半，马桶保持干净。

第十条　宿舍内不得张贴、悬挂任何物品，橱顶上的物品需摆放整齐。

第十一条　禁止将宿舍垃圾、雨伞等物品摆放在门外，避免阻塞消防安全通道。

第十二条　宿舍内禁止使用大功率电器，如电吹风、卷发棒、热得快、电饭锅、充电宝等；早晚自习及上课时间，人离开后宿舍内禁止使用一切电器充电，如手机、充电宝、拖线板、热水袋等。

第十三条　禁止携带外卖（外卖包含校外购买、食堂打包等食品）进宿舍。

第五章　查房管理

第一条　治保委员查房时，应准确无误上交查房单子。

第二条　查房时禁止出现以下情况：

（一）串宿舍。

（二）喝酒、赌博、抽烟。

（三）周末及放假期间，未如实汇报住校或回家情况，如临时有变动，须向班主任报备。

（四）违规外出或夜不归宿。

（五）向楼下泼水、倒垃圾。

（六）使用卷发棒、电吹风、电饭锅等大功率电器，以及充电热水袋、拖线板、充电宝等违章电器。人离开插头未拔。

第三条　查房时严禁出现不开门、态度恶劣等不配合情况。

第四条　查房时，未能及时赶回宿舍，须有电子或纸质假条；查房后不能擅自离开宿舍楼。

第五条　严禁校园内打架，侵犯他人公共财产，带外校人员进校园等行为。

第六章　课间操管理

第一条　到位情况：

（一）每个班应有一名同学携带班牌到指定位置成一路纵队排列，将班牌竖立在队伍前方。

（二）学生会成员按花名册点到，与班长及体育委员确认未到人数，若要请假，须提交电子或纸质假条。

（三）由于身体原因长期不能做操的，需提交病情证明、班主任及系部意见书。

第二条　做操情况：动作准确、整齐、有律动感，动作与音乐合拍。

第三条 进退场秩序：各班级按要求迅速整队入场、离场，做到快、静、安全，服从检查人员的指挥。广播体操音乐结束以后，全体同学保持立正姿势，听从总指挥口令有序退场。

第四条 体育委员管理：体育委员认真检查如表4-1所示的项目。

表4-1 体育委员会检查项目表

序号	项目	要求
1	体育委员	体育委员认真负责，管理到位，每天带领本班学生准时入场
2	人数	人数齐全
3	进退场	带好班牌，按照要求迅速整队入场、离场，做到快、静、安全
4	做操质量	动作准确、整齐、有律动感，动作与音乐合拍
5	班主任	到场管理班级

第二节 奖惩条例

第一章 奖 励

为贯彻党和国家教育方针，适应高等职业教育体制改革，充分调动广大学生的学习积极性，加强校纪校风建设，维护正常的教育教学秩序，奖励先进，促进后进学生共同成长与发展，结合学校实际，特制定本条例。

第一条 学校对于在德智体美劳等方面全面发展或在思想品德、学业成绩、文明风采、技能大赛、创新创业、体育竞赛、文艺活动、志愿服务、见义勇为及社会实践等方面表现突出的学生，给予表彰和奖励。

第二条 对学生的表彰和奖励采取授予"三好学生""优秀学生干部"称号或其他荣誉称号，颁发奖学金等多种形式，给予相应的精神鼓励或物质奖励。不同层级的荣誉遵循奖励的递进性原则，即上一级荣誉原则上在获得下一级荣誉的基础上产生。

第三条 学校对学生予以表彰和奖励，制定公开、公平、公正的程序和规定，建立和完善相应的评优评先和公示等制度。

第四条 省级、市级"三创"优秀学生的评选条件：

（一）热爱祖国，热爱人民；遵纪守法，诚实守信；关心集体，团结同学；具有良好的公民道德和高尚的职业道德意识；熟练掌握本专业的知识和技能，积极参与社会实践活动且成绩良好；积极参加各项体育运动和文体活动，具有健康的身体和良好的心理素质。

（二）富有主人翁精神和社会责任感，具有牢固的专业思想和较强的创新意识，勤学敏思，在社会实践活动和各类技能竞赛、创新活动中表现突出。

（三）富有开拓精神，勇于探索实践，有较强的创业意识，自觉学习和了解创业知识，积极参与学校组织的各类创业实践活动，有自身创业经历，表现突出。

第五条 学校"三好学生"的评选条件：

（一）有坚定正确的政治方向，热爱中国共产党，拥护党的基本路线，热爱祖国、热爱集体、热爱劳动，积极参加社会实践及公益活动。

（二）遵守学校各项规章制度，遵纪守法，遵守社会公德。

（三）尊敬师长，团结同学，关心他人，待人诚恳礼貌，具有健康的心理品质。

（四）法治观念强，勇于开展批评与自我批评，敢于同不良行为做斗争。

（五）学习态度端正，勤奋刻苦，较好地掌握各门功课的基础知识和基本技能，学习成绩优良。

（六）积极参加学校、系部组织的活动，有较强的活动参与能力。

（七）积极参加体育锻炼，上好体育课，有良好的身体素质和心理素质。

（八）热爱劳动，有良好的劳动习惯、卫生习惯。

（九）本学期操行考核等级为"优秀"，体育成绩达标，班级综合素质排名列前20%。

第六条 学校"优秀学生干部"的评选条件：

（一）思想品德素质高，爱党爱国，关心时事政治，政治上追求进步，严格遵守国家法律和学校规章制度，无不良行为。

（二）热爱学校，热爱班级，集体观念强，有良好的道德修养，尊敬师长，团结同学，在各方面能以身作则，富有团结协作精神，积极组织和引导同学参与学校各项活动并起模范带头作用。

（三）热心为集体工作，为同学服务，勇于锻炼自己；有开拓进取精神，严于律己，宽以待人，遵守学校各项规章制度；在班级和部门中工作突出并有突出事例。

（四）有创新、竞争意识，工作大胆，敢于负责，敢于同不良倾向做斗争，有较强的组织、领导能力和独立工作能力，所在班级和部门有明显的进步，在同学中享有较高的威信。

（五）当好学校老师的助手，经常向班主任及各相关部门汇报、请示工作，提出合理建议，圆满完成所承担的任务，为争创"优秀班级"做出贡献。

（六）及时向所在班级和部门传达学校、年级、班主任、团支部、学生会的工作布署，能主持正义，敢于抵制和揭发不良风气。

（七）本学期操行考核等次为"优秀"，体育成绩达标，班级综合素质排名列前50%。

第七条　江苏联合职业技术学院的"三好学生"和"优秀学生干部"在本校"三好学生"和"优秀学生干部"中推荐产生。

第二章　处　分

第八条　对有违反法律法规、《江苏联合职业技术学院学生管理规定》及学校管理制度要求的学生，学校给予批评教育，并视情节轻重，给予如下纪律处分：

（一）警告。

（二）严重警告。

（三）记过。

（四）留校察看。

（五）开除学籍。

第九条　有下列情况之一的，可以给予警告或严重警告处分：

（一）仪表仪容和穿着佩戴不符合学生日常行为规范的。

（二）扰乱课堂秩序的。

（三）一学期旷课累计达到18学时，或在校学习期间旷课累计达到30学时的。（旷课一天按6个学时计，课间操、晚自习等不再重复计算。下同）

（四）一周内无故迟到三次及以上的。

（五）一周内无故旷操两次及以上或迟到三次及以上的。

（六）乱丢乱抛、严重浪费粮食、破坏校园绿化行为的。

（七）男女生交往不当，造成不良影响的。

（八）参与非法传销和进行邪教、封建迷信活动的。不听劝阻，在校园内组织宗教活动的。

（九）违反国家或学校关于计算机网络管理的有关规定，登录非法网站，传播有害信息、盗用他人密码和账号等，造成不良影响的。

（十）不按规定登记住宿的。

（十一）未经学校批准私自在校外租住房屋的。

（十二）私自下江、河、湖、海、塘洗澡、游泳的。

（十三）有吸烟行为经批评教育无效的。

第十条　有下列情况之一的，可以给予记过处分：

（一）参与打架或扰乱学校教育教学秩序，虽不是主谋，但造成一定后果的。

（二）进营业性舞厅、酒吧、游戏机室、网吧等不适宜学生涉足的场所的。

（三）有小偷小摸行为，尚未造成严重后果的。

（四）观看或传播淫秽音像和书籍的。

（五）吸烟两次及以上，经批评教育无效的。

（六）酗酒一次及以上，经批评教育无效的。

（七）侮辱他人人格、待人极不文明的。

（八）故意破坏公物和公共清洁卫生的，包括在公共设施上乱涂乱画（造成损失的需进行赔偿）。

（九）考试舞弊的。

（十）一学期旷课累计达到30学时，或在校学习期间旷课累计达到42学时的。

（十一）携带管制刀具、棍棒及其他违禁物品进校的。

（十二）参与赌博的。

（十三）翻越围墙或护栏的。

（十四）住校生擅自在外夜不归宿的。

（十五）围攻、谩骂、滋事教职工，态度蛮横的。

第十一条 有下列情况之一的，可以给予留校察看处分：

（一）犯有严重错误应开除学籍，但认识态度端正，检查深刻，能检举揭发，有立功表现的。

（二）一学期旷课累计达到42学时，或在校学习期间旷课累计达到60学时的。

（三）吸烟三次及以上的。

（四）酗酒两次及以上的。

（五）不接受教师教育，无理取闹，态度蛮横，影响恶劣的。

（六）有打架斗殴行为，经教育不改的。

（七）偷窃、敲诈或诈骗集体、他人钱财物品的。

（八）在学习、实训期间，不服从指导老师、指导师傅的安排、指导，违反管理制度、操作规程，造成事故，情节严重的。

（九）在校使用管制刀具、棍棒及其他违禁物品，并造成一定影响和危害的。

第十二条 有下列情形之一的，可以给予开除学籍处分：

（一）违反宪法，反对四项基本原则，破坏安定团结，扰乱社会秩序的。

（二）触犯国家法律（刑法），构成刑事犯罪的。

（三）受到治安管理处罚，情节严重、性质恶劣的。

（四）代替他人或让他人代替自己参加考试、组织作弊、使用通信设备或其他器材作弊、向他人出售考试试题或答案牟取利益，以及其他严重作弊或扰乱考试秩序行为的。

（五）违反本规定和学校管理要求，严重影响学校教育教学秩序、生活秩序及公共场所管理秩序，侵害其他个人、组织合法权益，造成严重后果的。

（六）剽窃、抄袭他人研究成果，情节严重的。

（七）屡次（三次及以上）违反学校规定受到纪律处分，经教育不改的。

（八）一个学期旷课达到60学时或在校期间累计旷课达到90学时的。

（九）受留校察看处分期间又犯有错误，一年内没有解除留校察看处分的。

第十三条 有下列情形之一的，可以从轻、减轻或免予处分：

（一）违纪行为情节轻微，主动承认错误，认真悔改的。

（二）如实提供情况和检举揭发他人违纪或有其他立功表现的。

（三）涉及经济问题，积极主动退赔的。

（四）平时一贯勤奋学习，表现良好，违纪后纠错态度诚恳的。

（五）受他人胁迫、诱骗而违纪的。

第十四条 有下列情形之一的，可以从重处分：

（一）违纪后拒不承认错误，态度恶劣的。

（二）违纪行为情节、后果严重，影响恶劣的。

（三）违纪后对检举人、证人进行威胁、收买、打击报复、串通或做伪证的。

（四）第二次违纪或屡教不改的。

（五）同时有两种以上违纪行为的。

（六）打架、斗殴、殴打他人、赌博，以及结伙偷盗的策划者、组织者和邀约者。

第三节 学业管理条例

第一章 考核与成绩记载

第一条 学校对学生学业实行学分制管理。

第二条 学生应当参加学校教育教学计划规定的课程和各种教育教学环节（以下统称课程）的考核，考核分为考试和考查两种。考核和成绩评定方式，以及考核不合格的课程是否重修或者补考，由学校规定。

第三条 学生学业成绩的评定可采取百分制记分，按学期进行记载。考核取得60分（或及格）及以上的，可取得相应的学分。考核成绩与学分由学校记入学生成绩册并归入本人档案。

课程分为必修课和选修课两种，成绩一般按百分制计分；学生所修课程的总评成绩应结合平时成绩（作业、实验、实训、测验等），以及考核成绩等综合评定。

第四条　考试课程原则上每学期设2~4门，其成绩以平时考核、期中考核、期末考核成绩或理论考核、实践考核成绩进行总评。总评时各部分所占比例由学校教务部门根据课程具体情况加以确定并公布实施，期末考核成绩所占比例一般不得低于40%；平时考核成绩根据学生平时作业、课堂提问和测验及其学习态度等情况综合评定。

考查课程的成绩应注重过程性评价，原则上由任课教师依据该课程平时考核情况加以评定。实践课程的成绩参照相应技能考核标准进行评定。

第五条　课程考核前由任课教师对学生的考试资格进行审查，并将审查结果报校教务处。学生有下列情形之一者，经教务处批准，可取消其相应课程的考试资格：

（一）该门课程缺课累计超过教学计划时数1/3的。

（二）该门课程无故缺交平时作业1/3以上的。

（三）开设实验、实训课程，没有完成规定实验、实训的。

（四）因故未进行学期注册的。

第六条　学生因病或其他特殊原因不能参加正常考核，须在考核前由学生向学校提出书面申请，须持校医务室或二级甲等以上医院病假证明，经学校教务部门审核同意后安排缓考。学校应安排缓考者在下一学期开学两周内进行考核。缓考的成绩由平时成绩、卷面成绩等综合评定。

第七条　学期课程考核或缓考不及格的，允许补考一次。补考由教务部门统一安排，时间一般安排在新学期开学后两周内进行。

第八条　学生严重违反考核纪律或者作弊的，该课程考核成绩记为无效，并应视其违纪或者作弊情节，给予相应的纪律处分。

第九条　补考课程的成绩按"补考及格"或"补考不及格"记载。补考及格者可获得相应学分，补考不及格的课程必须重修。

第二章　学制与学习年限

第十条　学校标准学制为五年，学生在校学习年限（含中断学习时间）最长可达8年。

第十一条　学生每学年学完教学计划规定的课程，经考核合格的课程按学分计算不少于学年规定学分2/3者（统计时，考试、考查课程均列入计算，一门课程分上、下两学期开设的，按其各自学分计入总数），可以升级。

第十二条　毕业班学生若因重修课程多，无法跟原班级正常学习的，原则上应转入下一年级。

第十三条　学生未能升级或转入下一年级时，原已取得学分的课程（含实践课），可予承认。

第十四条　学生累计取得的学分数比教学计划规定数少10个学分及以上者，学校按学年给予学业警告，并通知学生家长。

第三章　休学与复学

第十五条　学生可以分阶段完成学业，除另有规定外，应当在学校规定的最长学习年限（含休学和保留学籍）内完成学业。

第十六条　学生申请休学或者学校认为应当休学的，经学校批准，可以休学。学生休学一般以一学年为期，累计不得超过两次，时限不得超过三学年。

第十七条　新生和在校学生应征参加中国人民解放军（含中国人民武装警察部队），学校应当保留其入学资格或者学籍至退役后两年。学生在部队服役时间不计入学习年限，退役后保留学籍的时间计入学习年限。

第四章　退学

第十八条　有下列情形之一的，学校可予退学处理：

（一）学业成绩未达到学校要求或者在学校规定的学习年限内未完成学业的。

（二）休学、保留学籍期满，在学校规定期限内未提出复学申请或者申请复学经复查不合格的。

（三）根据学校指定医院诊断，患有疾病或者意外伤残不能继续在校学习的。

（四）未经批准连续两周未参加学校规定的教学活动的。

（五）超过学校规定期限未注册而又未履行暂缓注册手续的。

（六）学校规定的不能完成学业、应予退学的其他情形。

（七）学生本人申请退学的，经学校审核同意后，办理退学手续。

第五章　毕业、结业与肄业

第十九条　学生在规定学习年限内，修完教育教学计划规定内容，成绩合格，达到毕业要求的，经审核批准，准予毕业，发给毕业证书。

第二十条　学生在规定学习年限内，修完教育教学计划规定内容（包括实践、实习及毕业设计），但未达到学校毕业要求的，学校可以准予结业，发给结业证书。

第二十一条　学生结业且在规定的学习年限内，由本人申请，参加原所在学校认可的重修或补考，修满最低毕业学分，或补考不及格课程、补做毕业设计（论文）及格后可换发毕业证书,毕业时间按发证日期填写。超过学习年限的不予换发毕业证书。

第二十二条 学生在校学习一年及以上,且所学的课程考核合格,发给肄业证书;在校学习时间少于一年的,只出具学生在校学习成绩单或证明。

第四节 实习管理

第一条 严守法律法规,树立安全意识。严格遵守国家的法律法规和实习单位的各项规章制度及安全要求,牢固树立安全第一的思想,认真学习有关安全知识,提高自我防范能力。

第二条 远离危险物品,拒绝不良行为。不私藏刀枪棍棒及易燃易爆等化学危险物品;不吸烟、酗酒;不吸食贩卖毒品;慎重交友,不参与打架斗殴、偷盗、赌博及敲诈勒索等违法犯罪活动。

第三条 注意饮食安全,预防食物中毒。注意饮食安全卫生,不到无卫生保证的饮食店就餐和购买食品,不购买无质量保证商店出售的食品与饮料,以防食物中毒。

第四条 增强消防意识,严禁私拉乱接。遵守消防安全管理制度,爱护消防设施,积极配合各实习单位的消防安全管理工作。在宿舍或公共场所不使用明火,不私拉电线,不使用接线板和大功率电器。发现宿舍房间用电方面存在安全隐患,应及时报修,严禁私自拆修。

第五条 辨别网络信息,避免非法传播。禁止在互联网上浏览不健康及反动网站;不利用互联网从事危害国家安全、公共安全及泄露国家机密的犯罪活动;不利用QQ群、微信群等自媒体发布和传播不实信息、搬弄是非、制造矛盾。

第六条 注意宿舍防范,遇事及时汇报。防盗窃、防诈骗,出入宿舍房间应随手关门,发现可疑人员进入宿舍应保持冷静、沉着应对。

第七条 谨遵交通规则,一心不得二用。在自行上班、下班、外出途中应自觉遵守交通规则,不乘坐无牌、无证、存在安全隐患的交通工具,个人骑(驾)车应严格遵守交通安全法规,在道路上行走、骑车时不使用手机等电子设备。

第八条 规范操作流程,严守岗位职责。进入实训实验场所,必须首先学习相关管理规定,严格遵守安全管理制度,执行规范操作流程,确保自身、他人和财产安全。

附录

附录1 作息时间表

节次	夏令时	冬令时
	5月1日—9月30日	10月1日—4月30日
起床、内务整理	6:20	6:20
早餐	6:40—7:20	6:40—7:20
晨读	7:30—8:00	7:30—8:00
第二节	8:10—8:55	8:10—8:55
第三节	9:00—9:45	9:00—9:45
课间操	9:45—10:15	9:45—10:15
第四节	10:15—11:00	10:15—11:00
第五节	11:05—11:50	11:05—11:50
中午	午餐、午休	
第六节	14:00—14:45	13:30—14:15
第七节	14:50—15:35	14:20—15:05
第八节	15:45—16:45	15:15—16:15
晚餐	17:00—17:40	17:00—17:40
晚自修	19:00—21:00	18:30—20:30

附录2 宿舍区作息时间表

内容	时间节点(夏/冬)	
早离寝	7:15	
下午进入宿舍区	16:45(夏令时)	
	16:45(冬令时)	
晚查房	周日—周四：22:00(夏)，21:30(冬)	
	周五、周六及节假日留宿：21:10	
晚熄灯	22:30	
供电	早上	6:20
	下午 晚上	与统一回宿舍作息时间相同

附录3 江苏省南通卫生高等职业技术学校学生日常管理规范评分标准

一、学习管理评分标准

（1）早晚自习全班吵闹，每次扣5分。

（2）早晚自习使用手机等电子产品、玩棋牌（上报系部）等，扣5分/人次；做其他与学习无关的事，扣2分/人次。

（3）早晚自习在教室内随意串位、走动，未经老师批准且无正当理由串班、在教室外逗留，扣3分/人次。

（4）早晚自习禁止倒垃圾、倒水、去厕所洗杯子等，上课后15分钟、下课前15分钟不得上厕所，违者扣2分/人次。

（5）未经老师提前批准（须提供证明），上课、早晚自习不得在规定时间内迟到、早退，违者扣2分/人次。超过三人扣10分，超过五人扣20分。

（6）旷课、未经教师提前批准（须提供证明）滞留宿舍的，扣4分/人次。

（7）未经教师同意（须提供证明），早上7:15前未及时离开宿舍楼，违者扣2分/人次；下午两节课后15:35（夏令时）/15:05（冬令时）至宿舍楼开门前，不得拥堵于宿舍楼前，违者扣1分/人次，态度恶劣者双倍扣分。

（8）凡是请假的学生必须有假条（电子假条或纸质假条），或班主任现场电话确认，否则扣2分/人次。上报虚假请假信息者，双倍扣分。

二、风貌管理评分标准

（1）学生需按规定佩戴标志牌，标志牌必须佩戴在脖子上且标志牌无遮挡，若有违反，扣2分/人次。

（2）周一为全校校服日，如无特殊情况，必须全天穿全套校服（上衣+裤子），未按要求穿校服，且无证明、未在补办期的，扣1分/人次（补办须有补办证明），超过5人扣10分，超过10人扣20分。

（3）穿奇装异服（露背、露肚脐等），裤子、裙子长度高于膝盖以上10cm，扣3分/人次。

（4）穿人字拖、凉拖、洞洞鞋，扣2分/人次；高跟鞋鞋跟高度≥3cm，坡跟鞋、松糕鞋鞋跟高度≥5cm，扣2分/人次。

（5）禁止佩戴项链、手链、脚链、戒指、耳环、耳钉等首饰，违者扣2分/人次。

（6）涂手、脚指甲油（透明色除外），扣2分/人次（每天扣分直到洗掉）。

（7）烫发、染发，扣2分/人次（烫染发每天扣分直到恢复），属于先天卷发、黄发的请于学期初报备，班主任开具证明，不允许后补。

（8）有文身、文身贴，扣2分/人次（每天扣分直到洗掉）。

（9）化妆，扣2分/人次。

（10）离校日、返校日禁止将行李（行李箱、装有衣服的行李包）带入教学区，违者扣2分/人次。

（11）有抽烟者，上报系部，扣10分/人次。

三、教室管理评分标准

（1）教室地面不干净，视程度扣1~2分；周一大扫除时教室地面未打扫干净，视程度扣2~3分。

（2）垃圾桶内有生活垃圾扣2分；垃圾桶外侧脏，扣2分。

（3）讲台杂乱，扣2分；桌椅摆放不整齐，扣2分。

（4）劳动工具摆放不整齐，扣2分。

（5）教室无人时，课桌桌面除整齐摆放书本外，不允许摆放其他物品，违者每张桌子，扣1分；超过十张桌子，扣20分。

（6）窗户不干净，扣1分；窗户贴纸，扣1分；窗户槽内有垃圾，扣1分；窗台有物品，扣1分；教室内白天使用多媒体需窗帘遮光除外，窗帘未最大程度拉开，扣1分。

（7）黑板不干净，扣1分；黑板槽脏，扣1分，

（8）教室无人时未关灯、空调、投影仪，扣2分。

（9）教学区域内，除瓶装饮料、盒装饮料外，禁止携带其他食品或杯装奶茶、咖

啡类饮料进教学区域内,一经发现,扣2分/人次。

(10) 在教室内充电,扣5分/人次;发现违章电器,扣5分/个。

四、宿舍管理评分标准

(1) 宿舍无人时未关门,扣2分;未关灯、空调、排风扇、水龙头,各扣1分。(维修期须有证明)

(2) 不可使用不透光的床帘、床幔等,违者每张床扣2分;上课、早晚自修期间蚊帐、窗帘未拉开者,扣1分/人次。

(3) 被子与枕头未分别放置于床两侧,扣0.5分;被子未叠,扣1分。

(4) 抱枕、靠枕须整齐放置于枕头或被褥上,不得放置其他杂物及玩偶,否则扣1~2分。

(5) 床栏上挂衣服,扣1分;床梯上摆放杂物,扣1分。

(6) 鞋子摆放床下不整齐,每人超过三双,扣1分;盆需摆在盆架上,违者每宿舍扣2分。

(7) 桌椅摆放不整齐、连排的桌子未排成一条线,扣1分;桌面及椅子上一律不允许摆放任何物品,违者每宿舍扣2分。

(8) 洗漱台上除漱口杯、皂盒、洗手液外,其他物品一律不可以放。漱口杯、皂盒、洗手液未分别放于洗漱台的两侧,扣0.5分;洗漱台上脏乱,扣1分。

(9) 热水瓶摆放不整齐,扣1分(热水瓶应放于洗漱台下任意一侧,靠墙摆放整齐)。

(10) 将毛巾置于毛巾架上并悬挂整齐,若悬挂除毛巾、洗脸扑以外的物品,扣1分。

(11) 空床上只允许摆放收纳箱或行李箱,且须摆放整齐,违者每宿舍扣2分;宿舍地面或床底下地面脏乱,扣1分;宿舍阳台脏乱,扣1分。

(12) 须按规定将宿舍内盆子置于盆架上且有序摆放,违者扣2分;宿舍内清洁工具摆放不整齐,扣1分;垃圾桶内垃圾过半,扣1分;马桶不干净,视程度扣2~5分。

(13) 宿舍内张贴、悬挂任何物品(包括海报、贴画、挂钩等),扣1分。

(14) 橱顶上物品摆放不整齐,扣1分。

(15) 将宿舍垃圾、雨伞等物品摆放在门外,扣1分。

(16) 宿舍内禁止使用大功率电器,如电吹风、卷发棒、热得快、电饭锅、充电宝等,违者扣5分/人次。

(17) 早晚自习及上课时间,人离开后宿舍内禁止使用一切电器充电,如手机、充电宝、拖线板、热水袋等,违者扣5分/人次。

(18) 禁止将外卖（外卖包含校外购买、食堂打包等食品）带进宿舍，违者扣5分/人次。

(19) 熄灯后吵闹，经提醒无果，扣2分。

五、查房管理评分标准

(1) 治保委员划错单子，扣1分/人次；上报错误信息，扣1分。

(2) 查房情况。

①串宿舍，扣1分/人次。

②喝酒、赌博、抽烟，扣10分/人次（上报系部）。

③上报信息为住校，实际回家住宿，且未通过班主任向宿管老师报备或无假条，扣10分/人次；上报信息为回家，实际住校，且未通过班主任向宿管老师报备或无假条，扣5分/人次。

④未经班主任或值班老师同意，夜不归宿，扣10分/人次（上报系部）。

⑤向楼下泼水、倒垃圾，扣3分/人次。

⑥使用卷发棒、电吹风、电饭锅等大功率电器及使用充电热水袋、拖线板、充电宝等，扣5分/人次，一经查实上交班主任。人离开插头未拔，扣5分/人次。

(3) 不配合查房，视情节扣2~4分（不开门，态度恶劣，情节严重者扣分并上报系主任或班主任）。

(4) 查房时，未能及时赶回宿舍，须有电子或纸质假条，无假条者扣2分/人次。若有弄虚作假，一经查实，双倍扣分。

(5) 查房后不能离开宿舍楼，查到不在宿舍者按夜不归宿处理，不可后补假条，扣10分。

(6) 凡发现在校园内打架、侵犯他人公共财产、带外校人员进校园等行为，扣10分并交至安全保卫处严肃处理。

注：后补假条只在查房期间，查房人员跟班主任核实无误后才有效，查房结束后无效。

六、课间操管理评分标准

（一）到位情况

(1) 学生会成员按花名册点到，与班长及体育委员确认未到人数，9:57之后进场算迟到，扣1分/人次；未到，扣2分/人次。请假需提交电子或纸质假条（除不可预期的突发情况外，假条不可后补）。班长、体育委员确认人数后在检查表上签字。

(2) 班牌未带、严重破损者，扣1分/次。

(3) 由于身体原因长期不能做操的，需提交医疗证明、班主任及系部意见书。

（二）做操情况

动作准确、整齐、有律动感，动作与音乐合拍。动作严重不准、不合节拍或不做，扣 0.5 分/人次；超过一半人数不做，扣 5 分；全班不做，扣 10 分。

（三）进退场秩序

班级按要求迅速整队入场、离场，做到快、静、安全。要服从指挥。广播体操音乐结束以后，全体同学保持立正姿势，总指挥简要点评做操情况，音乐声未停时，若离场，算早退。若发现早退，扣 1 分/人次；若进退场时影响其他班级，扣 1 分。

（四）体育委员管理

体育委员检查不认真，根据检查情况，扣 1~3 分。

具体评分标准如表 4-2 所示。

表 4-2 评分标准　　　　　　　　　　　　　　　　　　　　单位：分

序号	项目	要求	分值	评分标准
1	体育委员	体育委员认真负责，管理到位，每天带领本班学生准时入场	1	体育委员工作不到位，扣 1~3 分
2	人数	人数齐全	3	每缺 1 人，扣 2 分
3	进退场	带好班牌，按照要求迅速整队入场、离场，做到快、静、安全	3	未带班牌、班牌严重破损，扣 1 分；迟到或早退，扣 1 分；进退场时影响其他班级，扣 1 分
4	做操质量	动作准确、整齐、有律动感，动作与音乐合拍	3	动作严重不准、不合节拍或不做，扣 0.5 分/人次
5	班主任	到场管理班级		班级可加 1 分
	总分		10	

附录 4　"文明宿舍"评比活动方案

为贯彻落实"践行科学发展、构建和谐校园"精神，增强学生的文明意识，培养良好的生活和卫生习惯，充分发挥宿舍文化在学生成长成才中的育人功能，现决定在全校范围内开展"文明宿舍"创建评比活动。

（一）活动目标

创造温馨的生活环境，培养良好的生活习惯，增强文明意识。

（二）参加对象

护理系、药学系、医技系全体在校住宿学生。

（三）评选条件

（1）精神文明建设好。宿舍全体同学积极向上，关心时事政治，关心国家大事，文明礼貌。

（2）宿舍卫生好。严格按照宿舍规范化管理要求，搞好宿舍卫生和内务整理。

（3）遵纪守法好。宿舍全体同学自觉遵守国家法律、法规和学校各项规章制度，无违法违纪行为。

（4）公物爱护好。宿舍全体同学自觉爱护公物，节约水电，无损坏公物和违章接电、用电和浪费水电现象。

（5）团队精神好。宿舍全体同学互相帮助、互相学习、互相关心、互相督促、共同进步，自觉维护宿舍、班级和学校荣誉。

（四）评比主要内容及分值

（1）宿舍扣分细则参照附录3中的宿舍管理评分标准。

（2）宿舍成员加分细则参照第七章第三节中的加分标准。

（3）文明宿舍比例为各班申请宿舍总数的前50%。

注：扣分及加分均以当月内情况为准，加分需辅以佐证材料。

（五）评比方式

（1）主办部门：学生处。

（2）成立考核小组。人员由学校分管领导、学生处人员、系部书记、系部辅导员、班主任、生活辅导员、学生会干部组成。

（3）宿舍检查。各系学生会干部每周对本系学生宿舍抽查一次；生活老师每天对本楼学生宿舍抽查一次；考核小组每周对学生宿舍抽查一次，检查结果作为"文明宿舍"评比的依据。

（4）实行一票否决制。凡出现打架斗殴、辱骂同学、打牌赌博、吸烟喝酒、偷盗、留宿异性、夜不归宿等违反班规校纪现象或受处分的，不得评为文明宿舍，已经评为文明宿舍的，立即取消。

（5）申报文明宿舍以班级为单位，次月4号前自主将班级内符合条件的宿舍统一填写申报表交系部初审，过时不候。参评基本条件为：宿舍当月每周的考核均为满分，且不得违反"一票否决制"的任一条款。各系6号前落实核查及申报条件审核工作，报学生处终审，每月8号之前确定并公布前一个月度最终评比结果。

（六）奖励办法

由学生处颁发奖牌，张贴宿舍门上，在全校范围内进行通报表扬，班级月考核时每个文明宿舍计0.5分。

（七）工作要求

（1）做好宣传发动。学生处、系部、班主任、各班级层层发动，组织学生进行学习，提高认识，端正思想，掌握创建标准与要求，以积极的态度和雷厉风行的精神投身到这项活动中去。

（2）学生干部要发挥模范带头作用，以新常态的理念与要求增强行动自觉性。

（3）检查人员在检查过程中需佩戴好工作证件，认真做好书面记录，要注意礼貌，尊重学生。

（4）考核组在检查评比中要遵循公平、公正、公开的原则。真正评出先进、评出标杆，发挥先进示范作用。

第五章

资助育人　关爱学生

为贯彻党的教育方针，秉承"扶贫励志，助学育人"的宗旨，充分调动学生奋发向上、刻苦学习的积极性，促进学生德智体美劳全面发展，培养具有创新精神和实践能力的高素质人才，学校根据上级相关政策要求，结合实际，建立起国家资助、校内资助、勤工助学、社会慈善等多种形式有机结合的高校学生资助政策体系，使越来越多的学生拥有平等接受教育的机会。

第一节　国家资助

一、本专科生国家奖学金

奖励纳入全国招生计划内的特别优秀的全日制本专科（含高职、第二学士学位）在校生，每年奖励6万名，每生每年8 000元，颁发国家统一印制的荣誉证书。

（一）参加国家奖学金评比的基本条件

（1）具有中华人民共和国国籍。

（2）热爱社会主义祖国，拥护中国共产党的领导。

（3）遵守宪法和法律，遵守学校规章制度，且不得有任何纪律处分。

（4）诚实守信，道德品质优良。

（5）在校期间学习成绩优异，社会实践、创新能力、综合素质等方面特别突出。

（二）其他具体条件

（1）年级要求：二年级及以上年级本专科学生可以申请国家奖学金。五年一贯制学生在进入高职阶段第二年起具备申请资格。

（2）成绩要求：学习成绩排名与综合考评成绩排名均位于本年级专业前10%。

（3）申请国家奖学金的学生学习成绩排名或综合考评成绩排名未超出本专业前10%，但均位于本专业前30%，且在道德风尚、学术研究、学科竞赛、创新发明、社会实践、社会工作、体育竞赛、文艺比赛等某一方面在参评学年表现非常突出的，方可申请国家奖学金，同时需要提交详细的证明材料。证明材料须经学校审核盖章确认。

（4）"表现非常突出"主要是指：

① 在社会主义精神文明建设中表现突出，具有见义勇为、助人为乐、奉献爱心、服务社会、自立自强的实际行动，在本校、本地区产生重大影响，在全国产生较大影响，有助于树立良好的社会风尚。

② 在学术研究上取得显著成绩，以第一作者发表的论文被SCI、EI、CPCI、SSCI全文收录，以第一、第二作者出版学术专著通过专家鉴定。

③ 在学科竞赛方面取得显著成绩，在国际和全国性专业学科竞赛、课外学术科技竞赛、中国"互联网+"大学生创新创业大赛、全国职业院校技能大赛等竞赛中获一等奖（或金奖）及以上奖励。

④ 在创新发明方面取得显著成绩，科研成果获省、部级以上奖励或获得通过专家鉴定的国家专利（不包括实用新型专利、外观设计专利）。

⑤ 在体育竞赛中取得显著成绩，为国家争得荣誉。非体育专业学生参加省级以上体育比赛获得个人项目前3名、集体项目前2名；高水平运动员参加国际和全国性体育比赛获得个人项目前3名、集体项目前2名。集体项目应为上场主力队员。

⑥ 在文艺展演方面取得显著成绩，参加全国大学生艺术展演获得一、二等奖，参加省级艺术展演获得一等奖；艺术类专业学生参加国际和全国性比赛获得前3名。集体项目应为主要演员。

⑦ 获全国十大杰出青年、中国青年五四奖章、中国大学生年度人物等全国性荣誉称号。

⑧ 其他应当认定为表现非常突出的情形。

（5）获得国家奖学金的家庭经济困难学生可以同时申请并获得国家助学金，但是不能申请并获得国家励志奖学金。

（三）评定方法

（1）符合申请条件的学生须在规定时间向所在系部提出申请，并递交纸质《国家奖学金申请审批表》（表5-1）。

（2）系部收集学生的申报材料并审核学生基本信息，系部对候选人进行评审，确定推荐名单，上报学生处。

（3）学生处对有关申请材料进行评定，并在校内进行不少于5个工作日的公示，公示期满无异议者报校领导审批。

（4）学生处将最终获奖候选人名单报江苏联合职业技术学院。

表5-1 20　—20　学年国家奖学金申请审批表

学校：　　　　　　　　院系：　　　　　　　　学号：

基本情况	姓名		性别		出生年月	
	政治面貌		民族		入学时间	
	专业		学制		联系电话	
	身份证号					

学习情况	成绩排名：__/__（名次/总人数）	实行综合考评排名：____（选填"是"或"否"）
	必修课____门，其中及格以上____门	如是，排名：__/__（名次/总人数）

主要获奖情况	日期	奖项名称	颁奖单位

申请理由	

申请人签名（手签）：

年　　月　　日

续表

推荐理由	推荐人（辅导员或班主任）签名： 年　　月　　日
院（系）意见	院系主管学生工作领导签名： 年　　月　　日
学校意见	经评审，并在校内公示＿＿＿＿＿＿＿个工作日，无异议，现报请批准该同学获得国家奖学金。 （学校公章） 年　　月　　日

制表：全国学生资助管理中心

优秀事迹

扬鞭起航　不负韶华

张雨馨，预备党员，江苏联合职业技术学院南通卫生分院药学系2018级药品经营与管理1816班学生。在校期间获南通市创新创业大赛一等奖、南通市中药技能大赛二等奖、"国药南通"杯职业技能竞赛一等奖、南通市级优秀学生干部、校级优秀共青团员、校级三好学生、校级优秀学生干部、校级一等奖学金、优秀志愿者称号等荣誉。2022年12月荣获国家奖学金。

天道酬勤，笨鸟先飞

张雨馨同学认为大学生活要想有所收获就必须先走出迷茫。刚离开父母的她对学校的学习和生活模式感到新奇陌生，对所学专业知识与中学的截然不同感到无所适从。幸运的是学校的专业认知周让她对所学专业有了朦胧的认识，专业课老师的详细讲解让她对所学专业有了期待与向往，班主任的耐心指导、悉心谈心，以及学长、学姐们的经验交流，让张雨馨同学从迷茫中走出，有了迫切想要成长的想法。

没有比别人聪明那就比别人更努力，作为一名学生，张雨馨同学深知学习是学生的天职，也是自己当前唯一能做好的。在"厚德、砺志、博学"校训的鞭策下，张雨馨同学带着对学习浓厚的兴趣，刻苦勤奋，一丝不苟，按照自己制订的长短期计划，有条不紊地实现设定的学习目标。作为一名高职学生，张雨馨深知不仅仅要掌握书本知识，更重要的是加强实践技能操作，她积极参加各种技能培训，提高实践操作能力，取得了南通市创新创业比赛一等奖、南通市中药技能大赛二等奖的好成绩。

天道酬勤，勤能补拙。张雨馨同学坚信只有通过不断的努力与顽强拼搏，在今后的人生道路上，才会成为自己梦想中的人，最终到达山顶，释放璀璨的光芒。

不忘初心，回馈社会

张雨馨同学家境并不富裕，在校期间得到国家资助、社会捐助和同学帮助，她把这些点点滴滴铭记在心，迫切地想要成为更优秀的人回报那些帮助过她的人。升入四年级后张雨馨同学率先在班级提交了入党申请书，并一直以一名党员的标准严格要求自己，今年她终于如愿地成了一名中共预备党员。作为一名中共预备党员，张雨馨同学说："我热爱党，我感激党，感谢社会对我的一切帮助，希望将来自己也可以成为一名优秀的共产党员，能用自己的力量去帮助其他需要帮助的人。"

张雨馨同学用行动在践行自己的诺言，她加入学校志愿者团队，多次参加志愿者活动：到养老院慰问孤寡老人；参加社区的党员志愿活动，利用课堂所学为老人量血压、测血糖；到福利院帮助小朋友。新冠疫情防控期间，她作为学生志愿者参与到教室、宿舍消杀及学生晨晚检等工作中。疫情防控紧张时期，学校号召学生参加全民核酸检测工作，当时在家的张雨馨同学毅然决然地报名参加核酸检测工作，认真学习防疫知识，在检测点位不怕苦、不怕累，努力为群众服务，获得了优秀志愿者称号。

教诲如春风，师恩似海深

生活中张雨馨同学一直铭记着班主任周彤老师的教诲，她常说："很多时候，一件事的顺利完成都离不开老师和同学的帮助，在每个停滞不前的瞬间，都离不开老师的鼓励、同学的打气，让我能在学习过程中孜孜不倦，不断地挑战自我、充实自我，我得感谢我的班主任周老师。"

在刚入校的迷茫时期，是班主任带领着她寻找目标，鼓励她积极参加各类活动，尤其在得知张雨馨同学家境后，更是无微不至地在生活上关心她。初参加技能大赛的时候，张雨馨同学没有拿到理想的成绩，自我否定，班主任老师在第一时间给她鼓励并帮她分析，慢慢指引着她找到信心和方向，最终在"国药南通"杯职业技能竞赛中获得了一等奖的好成绩。

"读书不觉已春深，一寸光阴一寸金。"学校生活弹指一挥间，张雨馨同学从刚入校时迷茫，到现在走上实习岗位变得从容而坦然。张雨馨同学回顾之前的点点滴滴，那一幕幕昔日的画面，仿佛发生在昨日，清晰可见，有渴望，有追求，有成功，也有失败。她说："未来会怎样，要用力走下去才知道，走出低谷，变成闪光的自己，反正路还长，天总会亮。"

二、中等职业教育国家奖学金

本奖学金由中央财政出资设立，用于奖励中等职业技术学校（含技工学校）全日制在校生中特别优秀的学生。每年奖励 2 万名学生，奖励标准为每生每年 6 000 元，颁发国家统一印制的荣誉证书（图5-1）。

图5-1 学校学子喜获2021—2022学年度中等职业教育国家奖学金

（一）参加国家奖学金评比的基本条件

（1）具有中华人民共和国国籍。

（2）热爱社会主义祖国，拥护中国共产党的领导。

（3）遵守宪法和法律，遵守《中等职业学校学生公约》，遵守学校规章制度，且不得有任何纪律处分。

（4）诚实守信，道德品质优良。

（5）在校期间学习成绩优异，社会实践、创新能力、综合素质等方面特别突出。

（二）其他具体条件

（1）年级要求：全日制二年级及以上学生可以申请中等职业教育国家奖学金。

（2）成绩要求：学习成绩排名与综合考评成绩排名均位于本年级专业前5%。

（3）申请国家奖学金的学生学习成绩排名或综合考评成绩排名未超出本专业前5%，但均位于本专业前30%，且在道德风尚、专业技能、社会实践、创新能力、综合素质等某一方面表现特别突出的，方可申请国家奖学金，同时需要提交详细的证明材料。证明材料须经学校审核盖章确认。

（4）"表现特别突出"主要是指：

① 在社会主义精神文明建设中表现突出，具有见义勇为、助人为乐、奉献爱心、服务社会、自立自强的实际行动，在本校、本地区产生重大影响，在全国产生较大影响，有助于树立良好的社会风尚。

② 在职业技能竞赛或专业技能竞赛方面取得显著成绩。在世界技能大赛取得优胜奖以上和入围世界技能大赛中国集训队及国际性职业技能竞赛获前8名，在中国技能大赛等全国性或省级职业技能竞赛获得优秀名次（一类职业技能大赛前20名、二类职业技能竞赛前15名），在全国职业院校技能大赛等专业技能竞赛获得三等奖及以上奖励，省级选拔赛获得二等奖及以上奖励。

③ 在创新发明方面取得显著成绩，科研成果获省、部级以上奖励或获得通过专家鉴定的国家专利（不包括实用新型专利、外观设计专利）。

④ 在体育竞赛中取得显著成绩，为国家争得荣誉。非体育专业学生参加省级以上体育比赛获得个人项目前3名、集体项目前2名；体育专业学生参加国际和全国性体育比赛获得个人项目前3名、集体项目前2名。集体项目应为上场主力队员。

⑤ 在重要艺术展演文艺比赛中取得显著成绩。非艺术类专业学生参加全国中小学生艺术展演或同等水平比赛，获得三等奖及以上或前3名奖励；艺术类专业学生参加全国中小学生艺术展演或同等水平全国性及国际性比赛，获得三等奖及以上或前3名奖励，以上展演（比赛）省级遴选获得二等奖及以上或前2名奖励。集体项目应为主要

演员。

⑥ 获省级及以上三好学生、优秀学生干部、社会实践先进个人、杰出青年、五四奖章等个人表彰或荣誉称号。

⑦ 参加全国中等职业学校文明风采优秀作品展示展演的个人或集体项目，且为主要创作人员。

⑧ 在创业等其他方面有优异表现的。

（三）评定方法

（1）符合申请条件的学生须在规定时间向所在系部提出申请，并递交纸质《中等职业教育国家奖学金申请审批表》。

（2）系部收集学生的申报材料并审核学生基本信息，系部对候选人进行评审，确定推荐名单，上报学生处。

（3）学生处对有关申请材料进行评定，并在校内进行不少于5个工作日的公示，公示期满无异议者报校领导审批。

（4）学生处将最终获奖候选人名单报南通市教育局。

三、本专科生国家励志奖学金

（一）参加国家励志奖学金评比的基本条件

（1）申请人必须为在籍的五年一贯制高职五年级品学兼优的家庭经济困难学生。

（2）综合考评成绩优秀，获得三等及以上学校奖学金或获得学校三好学生、优秀学生干部、优秀共青团员等荣誉称号之一。

（3）家庭经济困难，生活俭朴，为学校当年家庭经济贫困学生档案库建档对象。

（二）国家励志奖学金金额

国家励志奖学金奖励标准为每生每年5 000元。

（三）评定方法

（1）每年10月左右评定一次。

（2）申请人自主申报，经班主任审核、全班讨论，上报系部。系部对上报材料进行核对、汇总，报学生处，学生处审核，公示一周，如果无异议，经校领导审批后上报江苏联合职业技术学院，江苏联合职业技术学院审批后进行发放。

四、本专科生国家助学金

资助纳入全国招生计划内的家庭经济困难全日制本专科生（含预科、高职、第二学士学位学生，不含退役士兵学生），平均资助标准为每生每年3 300元。全日制在校退役士兵学生全部享受本专科生国家助学金,资助标准为每生每年3 300元。

(一) 参加国家助学金评比的基本条件

(1) 申请人必须为在籍的五年一贯制高职四、五年级家庭经济困难学生。

(2) 家庭经济困难,生活俭朴,为学校当年家庭经济贫困学生档案库建档对象。

(二) 国家助学金金额

(1) 国家助学金平均资助标准为每生每年3 300元。

(2) 具体分档:一般困难的每生每年2 300元,比较困难的每生每年3 300元,特别困难的每生每年4 300元。

(三) 评定方法

(1) 国家助学金每学年评审一次。

(2) 学生本人自主申请,填写家庭经济困难学生认定表,成为学校当年家庭经济贫困学生档案库建档对象后,申请高职国家助学金,经班主任审核,上报系部进行材料审核、汇总,报学生处审核,推荐上报名单,公示一周,如果无异议,经校领导审批后上报名单至江苏联合职业技术学院审核。

五、中等职业教育国家助学金

(一) 参加国家助学金评比的基本条件

(1) 中等职业学校全日制学历教育正式学籍的一、二年级在校涉农专业学生(即农村医学专业)和非涉农专业家庭经济困难学生。

(2) 家庭经济困难,生活俭朴,为学校当年家庭经济贫困学生档案库建档对象。

(二) 国家中等职业教育助学金金额

中等职业教育国家助学金奖励标准为每生每年2 000元。

(三) 评定方法

(1) 每学年评审一次。

(2) 学生本人自主申请,填写家庭经济困难学生认定表,成为学校当年家庭经济贫困学生档案库建档对象后,申请中等职业教育国家助学金,经班主任审核,上报系部进行材料审核、汇总,报学生处审核,推荐上报名单,公示一周,如果无异议,经校领导审批后上报名单至财政局审批发放。

六、国家助学贷款

国家助学贷款是由政府主导,金融机构向高校家庭经济困难学生提供的信用贷款,优先用于支付在校期间学费和住宿费，超出部分可用于弥补日常生活费，每人每年最高不超过 12 000 元，在校期间利息由国家承担。助学贷款期限为学制加 15 年，最长不超过 22 年。助学贷款利率按照同期同档次贷款市场报价利率减 30 个基点执行。国家助学贷款分为生源地信用助学贷款和校园地国家助学贷款，有贷款需求的学生可向户籍所在地［市、区（县）、镇］的学生资助管理部门咨询办理生源地信用助学贷款，或向就读高校学生资助管理部门咨询办理校园地国家助学贷款。借款学生同一学年内不能同时申请生源地信用助学贷款和校园地国家助学贷款。

七、服兵役高等学校学生国家教育资助

对应征入伍服义务兵役、招收为军士（原士官）的高校学生，在入伍时对其在校期间缴纳的学费实行一次性补偿或用于学费的国家助学贷款实行代偿；对应征入伍服兵役前正在高等学校就读的学生（含按国家招生规定录取的高校新生），服役期间按国家有关规定保留学籍或入学资格，退役后自愿复学或入学的，实行学费减免。对退役后，自主就业，通过全国统一高考或高职分类招考方式考入高等学校并到校报到的入学新生，实行学费减免。学费补偿或国家助学贷款代偿金额，按学生实际缴纳的学费或用于学费的国家助学贷款（包括本金及其全部偿还之前产生的利息）两者金额较高者执行；复学或新生入学后学费减免金额，按高等学校实际收取学费金额执行。学费补偿、国家助学贷款代偿及学费减免的标准，每生每年最高不超过 12 000 元，超出标准部分不予补偿、代偿或减免。

八、基层就业学费补偿贷款代偿

中央高校应届毕业生自愿到中西部地区、艰苦边远地区和老工业基地县以下（不含县级）基层单位就业，服务期在 3 年以上（含 3 年）的，补偿学费或代偿用于学费的国家助学贷款（包括本金及其全部偿还之前产生的利息），每生每年不超过 12 000 元。地方高校毕业生学费补偿贷款代偿由各地参照中央政策制定执行。

九、绿色通道

家庭经济特别困难的新生如暂时筹集不齐学费和住宿费，可在开学报到时，通过高校开设的"绿色通道"先办理入学手续。入学后，高校学生资助管理部门根据学生具体情况开展家庭经济困难学生认定，采取不同措施给予资助。

十、残疾生免学费

持有中国残联统一制发的《中华人民共和国残疾人证》的五年制高职四、五年级

残疾学生为减免对象。残疾学生免学费省财政补助标准，按照苏价费〔2014〕136号文件调整后的实际收费备案标准，每生每年最高补助8 000元，其余部分由学校从事业收入中提取的资助经费中列支。

第二节 校内资助

校内资助指学校利用事业收入提取资金，设立校内奖学金、校内励志奖学金、勤工助学、困难补助、伙食补贴、学费减免等校内资助项目。

一、校内奖学金

（一）参加奖学金评比的基本条件

（1）考查科目每学期期末成绩70分以上，考试课程无不及格现象。

（2）操行成绩考核在80分以上。

（3）体育成绩达标。

考查科目70分以下、体育成绩不达标，以及操行考核低于80分的，均不得参与奖学金评审。

（二）学校奖学金等级与金额

（1）一等奖学金：350元。

（2）二等奖学金：250元。

（3）三等奖学金：150元。

（三）评定方法

（1）每学期评定一次。

（2）奖学金分数计算方法：按学期考试课程成绩平均分×60% + 操行成绩×40%的总和排名，根据排名产生一、二、三等奖学金。采取四舍五入方法计算，排名并列的，按考试课程成绩择优产生；考试课程成绩亦相同的，按考试课程学分排名产生。

（3）学校奖学金设一、二、三等奖，名额分别占班级总人数的5%、10%、15%（按四舍五入计算）。

（4）获得学期综合评比优秀的班级各等次奖学金比例均上浮5%。

（5）评定之前由班主任组织学生学习奖学金评审条例，全班讨论，根据分数进行排名，择优推荐。班主任将奖学金表格填写好后报系部，系部对上报材料进行核对、汇总，报学生处，学生处审核，公示一周，如果无异议，经领导审批后发放。

二、校内励志奖学金

校内励志奖学金用于奖励五年制高职品学兼优的家庭经济困难学生。申请校内励志奖学金的基本条件如下。

（1）综合考评成绩优秀，获得三等及以上学校奖学金或获得学校三好学生、优秀学生干部、优秀共青团员等荣誉称号之一。

（2）家庭经济困难，生活俭朴，为学校当年家庭经济贫困学生档案库建档对象。

校内励志奖学金等级与金额为：

① 一等奖学金：2 000 元。

② 二等奖学金：1 500 元。

③ 三等奖学金：1 000 元。

三、免学费

（一）中职阶段免学费

学校一、二、三年级学生可以享受国家免学费政策，每生每年 2 200 元。

（二）高职阶段学费减免

学校四、五年级建档立卡或持有扶贫手册、学生本人残疾、低保家庭、征兵，可享受四、五年级学费减免。

1. 申请学费减免基本条件

（1）在校五年制高职四、五年级学生中属于建档立卡家庭经济困难学生，持有建档立卡本或精准扶贫手册（图 5-2）等。

图 5-2　精准扶贫手册

（2）在校五年制高职四、五年级学生中持有中国残联统一制发的《中华人民共和国残疾人证》（图5-3）的学生，均在补助范围之内。

图5-3　中华人民共和国残疾人证

（3）在校五年制高职四、五年级学生中家庭父母持有低保证（图5-4）的学生。

图5-4　低保证

（4）应征入伍服义务兵役、招收为士官的五年一贯制四、五年级高职学生，在入伍时对其在校期间缴纳的学费实行一次性补偿或用于学费的国家助学贷款实行代偿。对应征入伍服义务兵役前正在五年一贯制四、五年级就读的学生，服役期间按国家有关规定保留学籍或入学资格，退役后自愿复学或入学的，实行学费减免。对退役后，自主就业，通过全国统一高考或高职分类招考方式考入高等学校并到校报到的入学新生，实行学费减免。

2. 评定方法

学生本人自主申请，填写家庭经济困难学生认定表，成为学校当年家庭经济贫困学生档案库建档对象后，将免学费材料递交给系部审核，由系部审核汇总后报学生处，学生处核实后公示一周，如果无异议，经校领导审批后对学生进行学费减免。

四、勤工助学

（一）申请人基本条件

（1）学有余力的家庭经济困难学生，利用课余时间参加劳动服务和科技文化服务。

（2）品行端正，思想进步，勤奋好学。

（3）近一学年内无违反校规校纪记录。

（二）勤工俭学工资标准

勤工俭学工资标准依据勤工俭学岗位的工作性质、劳动强度、出勤次数和作业时间制定，每月每人勤工俭学劳务费为 200 元/月。

（三）评定方法

各勤工俭学部门按照部门工作量和学生出勤次数给予发放工资。

五、其他资助

校内资助除校内奖学金、校内励志奖学金、免学费、勤工助学外，还有困难生实习补贴、伙食补助、突发意外事故补助等。学生根据实际情况、本人需求，提交申请，由系部审核后提交学生处审批。

第三节　社会慈善

一、慈善项目

（一）"天使来吧"慈善超市

2018 年，为响应南通市慈善总会的号召，学校本着严格控制预算、精准扶贫助学、科学规范运作、提高资金使用效益的原则，在充分调研论证的基础上，制定了慈善超市助学实施方案。2019 年 1 月，学校慈善超市开始运行。其运行模式为一年两次（每学期一次，学期放假前一周）集中发放帮扶物资（图 5-5）。

图 5-5　慈善超市揭牌仪式上对全校贫困生集中发放帮扶物资

(二)"芸·爱"助学金

2018 年 11 月 21 日,学校与江苏芸裕金属制品有限公司签约,共同设立"芸·爱"助学金,用于资助家庭经济困难的学生。"芸·爱"助学金的设立能够帮助学生更好地学习和成长,使互帮互爱的传统美德在校园得以弘扬(图 5-6)。

图 5-6　学校向江苏芸裕金属制品有限公司颁发捐赠证书

(三)开发区高校贫困学生慈善助学金

自 2014 年 9 月迁入主校区以来,学校积极参加南通市开发区慈善会组织的各项活动,接受开发区慈善会对贫困学生实施的慈善救助。

(四)春节特困生慰问

春节特困生慰问是学校向特困生提供帮助的一项特色活动,此项活动开展已有 10 多年。每年春节前,在校领导的带领下,慰问组来到特困生家中,送上大米、油等实用物资和慰问金,让家长和学生感受到学校的温暖。

二、申请条件

申请人必须为在籍五年一贯制在校家庭经济困难学生,同时为学校当年家庭经济贫困学生档案库建档对象。

三、评定方法

根据各项目资助学生资金情况,各系部考虑学生在贫困生档案库中等级情况,均衡分配名额。

第六章

珍爱生命　健康成长

2021年，教育部发布的《生命安全与健康教育进中小学课程教材指南》提出，坚持"生命至上、健康第一"理念，将生命安全与健康教育全面融入中小学课程教材。这是中国第一个关于生命教育的专门文件，厘清了生命教育、安全教育、健康教育之间的关系。这将为增强学生"生命至上、健康第一"意识，为学生健康成长、终身发展和全民健康素养的提升奠定坚实基础。

生命教育，即是直面生命和生死问题的教育，其目标在于使人们学会尊重生命，理解生命的意义及生命与天人物我之间的关系，学会积极生存、健康生活与独立发展，并通过彼此间对生命的呵护、记录、感恩和分享，由此获得身心的和谐、事业的成功、生活的幸福，从而实现生命的最大价值。学校始终突出生命教育，一是心理健康教育全程化，定期传播和宣讲心理健康专题教育知识，疏导学生心理压力；二是安全教育常态化，培养学生的安全意识和自我保护能力。

第一节　阳光心理　一路同行

学生心理健康是关系到学生健康成长、顺利成才的保证。随着经济社会快速发展，学生成长环境不断变化，青少年的心理健康问题更加凸显。为认真贯彻党的二十大精神，全面加强和改进新时代学生心理健康工作，提升学生心理健康素养，教育部等十七部门制定《全面加强和改进新时代学生心理健康工作专项行动计划（2023—2025年）》，强调要培育学生热爱生活、珍视生命、自尊自信、理性平和、乐观向上的心理品质。重视学生心理健康状况，加强学校心理健康教育服务体系建设，是学校思想政治教育工作的重要方面，也是学习贯彻落实习近平新时代中国特色社会主义思想的重要举措。

一、认识"心"的健康知识

世界卫生组织（WHO）提出："健康不仅仅是躯体没有疾病，而且还要具备心理健康、社会适应良好和道德健康。"人体健康是生理健康和心理健康的统一，二者相互影响，相辅相成。对于正在成长发展的学生而言，保持身体健康固然重要，对心理健康的呵护也不容忽视。

（一）心理健康的含义

心理健康包括两层含义：第一，没有心理疾病，这是心理健康最基本的含义。第二，具有积极发展的心理状态，这是心理健康最根本的含义。它意味着要消除一切不健康的心理倾向，使一个人的心理处于最佳状态。综合起来，心理健康是一种持续且积极发展的心理状态。在这种状态下，主体能做出良好的适应，并能充分发挥其身心潜能。

（二）心理健康的状态

心理从健康状态到疾病状态一般可以分为四个等级：健康状态、不良状态、心理障碍、心理疾病。

（1）健康状态。从自我评价、他人评价和社会功能状况三方面综合分析，本人不觉得痛苦，他人不感觉到异常，社会功能良好，能够胜任家庭和社会角色，能在一般社会环境下充分发挥自身能力，利用现有条件（或者创造条件）实现自我价值。

（2）不良状态。又称第三状态，是介于健康状态与疾病状态之间，正常人群中常见的一种亚健康状态。它由于个人心理素质、生活事件、身体不良状况等因素引起。时间短暂，损害轻微，一般能处理日常工作、学习和生活，大部分能够通过自我调整使自己的心理状态得到改善。

（3）心理障碍。因个人及外界因素造成心理状态的某些方面发展超前、停滞、延迟、退缩或异常。其具有如下特点：①不协调性。心理活动的外在表现与其生理年龄不相称或反应方式与常人不同。②针对性。对敏感的事物及环境等有强烈的心理反应（包括思维、情绪及动作行为），面对其他对象可能表现正常。③损害较大。可能使当事人不能按常人标准完成某项（或几项）社会功能。④需求助于心理医生。大部分不能通过自我调整或非专业人员的帮助来解决根本问题，必须寻求心理医生的帮助。

（4）心理疾病。由于个人及外界因素引起个体强烈的心理反应（思维、情感、动作行为、意志）并伴有明显的躯体不适感，是大脑功能失调的外在表现。其具有如下特点：①强烈的心理反应。可出现思维判断失误，思维敏捷性下降，记忆力下降，强烈自卑感及痛苦感，情绪低落或忧郁，紧张焦虑，行为失常，意志减退等。②明显的躯体不适感。由于中枢控制系统功能失调引起各个系统功能的失调。③损害大。这类患者不能或者勉强能完成其社会功能,缺乏轻松、愉快的体验,痛苦感极为强烈。④需要结合药物和心理医生的治疗。患者一般不能通过自我调节康复,须通过心理医生的治疗和药物治疗相结合。

(三)学生心理健康的标准

美国著名心理学家马斯洛在20世纪50年代初提出了心理健康的十条标准:①有充分的自我安全感;②能充分了解自己,并能恰当估量自己的能力;③生活理想切合实际;④不脱离周围现实环境;⑤能保持人格的完整和谐;⑥善于从经验中学习;⑦保持良好的人际关系;⑧能适度地宣泄情绪和控制情绪;⑨在符合团体要求的情况下,能有限度地发挥个性;⑩在不违背社会规范的前提下,能适当地满足个人的基本需求。

综合不同学者对心理健康所提出的观点,学生心理健康应具有以下特征:

(1)有正确的自我意识,了解自我,悦纳自我,能够体会到自身存在的价值,生活目标和理想比较切合实际。

(2)人际关系良好,能够接受他人,善于与他人相处,乐于交往,在社会生活中具有较强的适应能力和程度较高的安全感。

(3)正视现实,接受现实,能够与现实保持良好的接触,对生活、学习和工作中的各种困难和挑战都能妥善处理,具有正常的自我防御机制。

(4)热爱生活,乐于学习和工作,能在学习和工作中发挥自己的个性和聪明才智,实现人生价值。

(5)能协调与控制情绪,适度表达自己的情绪,保持良好的心境状态。经常保持愉快、自信、满足的心情,善于从行动中寻找乐趣,对生活充满希望,情绪稳定性好。

(6)人格完整和谐,待人接物的态度恰当灵活,目标和行为一致,并与社会的步调相符。

(7)心理行为符合同年龄多数人所具备的心理行为特征,而不是经常严重偏离自己的年龄特征。

【心理健康自测1】

乐观主义测试

你是乐观主义者还是悲观主义者?你是透过亮丽还是灰暗的镜子来看待人生?根据你的情况在以下题目中选择"是"或"否"。

1. 我觉得现实社会中黑暗多于光明。

　　是 0 分　　　　否 1 分

2. 我通常能积极地看待人生中的得与失。

　　是 1 分　　　　否 0 分

3. 不管事情多么糟糕,我都会想办法解决。

否0分　　　　是1分

4. 我能够积极应对目前所遇到的困难。

是1分　　　　否0分

5. 每次面对失败,我都能够重新振作起来,寻找失败的原因。

是1分　　　　否0分

6. 我觉得自己前途渺茫。

是0分　　　　否1分

7. 我自信能有效地应对学习和生活中的困难。

否0分　　　　是1分

8. 不管遇到什么事情,我都能够以良好的心态面对。

是1分　　　　否0分

9. 我在做事之前总会想到失败。

否1分　　　　是0分

10. 在不确定的情况下,我总怀着最美好的期待。

是1分　　　　否0分

11. 当面对不可控制的事件时,我也能够欣然接受结果。

否0分　　　　是1分

12. 我总是采用回避的方法逃避遇到的问题。

否1分　　　　是0分

13. 我相信我的未来一定比现在更好。

否0分　　　　是1分

14. 我相信自己能实现所有愿望。

否0分　　　　是1分

15. 面对失败,我不能自我调节,心情总是很低落。

否1分　　　　是0分

评分与解释:

把所有分数相加。

分数为0~5的人:

你是个标准的悲观主义者,总是看到人生不好的那一面。身为悲观主义者的好处是你从来不往好处想,所以你很少失望。然而,以悲观的态度面对人生,却有太多的不利,你随时会担心失败,因此不愿去尝试新的事物。尤其当遇到困难时,你的悲观会让你觉得人生更灰暗。

分数为 6~10 的人：

你对人生的态度比较正常。不过你仍然可以再进步，直到你学会以积极乐观的态度来应对人生中的起伏。

分数为 11~15 的人：

你是个标准的乐观主义者，总是看到人生好的一面，将失望和困难摆到一旁，不过过分乐观也会使你对事情掉以轻心，反而误事。

二、发现"心"的问题所在

学生刚入校，面对新同学、新集体、新环境，心里充满新奇和期待，但当理想和现实产生落差时，就会出现困惑。主要表现在以下几个方面：

（一）新环境的适应问题

对新生而言，告别了原先熟悉的一切，进入一个陌生的环境，时常会感到孤独、不安、焦虑。尤其是第一次离开父母的学生，如果自理能力差、不善理财，就极易遇到生活上的种种麻烦。

情境再现1

女生小梁是一名一年级新生，在开学后的一周她就走进了心理咨询室，她向心理咨询老师诉苦："学校食堂菜的口味没有家里的菜的口味好，饭吃得不香；集体宿舍人多嘴杂，觉也睡不好。上周，我带着一颗期盼的心来到了学校，为自己终于可以过独立的生活而暗自高兴，然而，在妈妈走后，才发现这种想法是多么不切实际。原以为自己长大了，可以适应离家在外的生活，但我错了，恋家的感觉时时攫住我的心，想打个电话或写封信回去，可刚拿起电话或提起笔，眼泪便无声息地落下了。经常在宿舍熄灯后一个人躲在被窝里偷偷地掉眼泪，家成了我最向往的地方。想到家的温馨，我就有一股想提着行李回家、从此不再来学校的冲动。还好理智告诉我，这是一个多么幼稚而愚蠢的想法。虽然我克制住了自己，但受这种情绪的影响，我近日处于情绪低谷，不能很好地进入学习状态。"

心灵解析：初中时代，大多数学生没经历过集体生活，独立生活对他们来说无疑是一次心理"断乳期"，很多学生面对突如其来完全需要自理的衣食住行，显得手忙脚乱。拥挤的寝室、不适应的饭菜、陌生的环境，甚至异常的气候，都让他们感到"在家千日好，出门日日难"，思家之情甚浓，这就是我们所说的入校后的"思家期"。

心理策略：学会自立，从心理上断乳。学生处于成人前期，需要具备成人意识，从依赖父母的心理状态中独立出来，不能"坐、等、要"，指望他人来为自己安排或处理一切，而是要独立自主地丰富自己的生活、学习和工作，尽快从想家的情绪中解脱出来。以下一些方法可以排解新生的思家情绪，帮助新生尽快度过"思家期"。

（1）尽快熟悉校园环境，消除孤独感。

（2）主动与老师、同班同学、同宿舍同学交流，将自己的社交圈子尽快地转向新的群体，体验交友与沟通的快乐，寻找广泛的社会支持。

（3）发展自己的兴趣爱好，多参加一些自己感兴趣的校园文化活动，丰富自己的课余生活。

（4）给自己定一个目标，让自己在短期内实现，转移注意力，舒缓想家的情绪。

（二）人际关系的问题处理

1. 同学间的关系

每位学生都希望被班级、同学所接纳，得到同学、朋友的理解与信任。但由于每个人的性格、能力、家庭背景、思想观念、价值标准、生活习惯等方面存在一定的差异，在学习、生活中，同学之间难免出现摩擦和冲突，影响人际关系的发展。

情境再现2

难以协调的作息习惯

"我们宿舍的同学相处得挺好，唯一遗憾的是大家的生活习惯不太一样。有的同学睡得比较晚，她们或者上网，或者与同学闲聊，而我是个特别喜欢安静的人，别人发出一点点声响都会睡不着，很多时候我躺下半天也不能入睡，一直要等她们都睡了才能入睡。可我又习惯早起，每天昏沉沉的，严重影响学习效率。"

心灵解析：每个人都有自己独特的生活习惯、行为方式。在日益密切的交往中，宿舍成员之间不可避免地会产生矛盾。例如，对睡眠环境要求较高的学生与动静较大的学生之间的矛盾，不讲卫生的学生与爱整洁的学生之间的矛盾，早起的学生与晚起的学生之间的矛盾，住上下铺的学生之间的矛盾。生活习惯上的矛盾一旦产生，日积月累之下，会给部分学生造成极大的心理压力。

情境再现3

这是我的小秘密

有一天，小王来到学校心理咨询室，对老师讲："我真的很生气，她怎么能那样，乱翻我东西，也不和我说一声，一点都不尊重人，而且还喜欢打听他人的隐私。"小王讲的这位同学是她的舍友，这位舍友平常说话做事很随便，从来不在意别人的感受，因此很多同学都不喜欢她。这一次她将小王激怒了，原来那天小王回宿舍正好看到该舍友在翻看自己的东西，为此小王和她大吵一架。小王很生气，可对方无所谓，说："我们俩是好朋友，又是一个宿舍的，彼此之间不应该有秘密。"

心灵解析：有些同学把毫无保留地公开及随意侵入他人的私人领域当成是良好关系的表现，有些同学习惯于用隐私暴露的多少来衡量两人关系的亲密程度。但随着社会的进步，越来越多的人开始注重个人隐私的保护，而是否尊重别人的隐私也成为衡量一个人社会公德的重要标准。

心理策略：

策略一：提前明确宿舍各项规范。

宿舍就是一个小集体，要维持集体正常的秩序和营造良好的气氛，需要明确的规范来维持。明确的规范可以让宿舍成员有章可循，有理可据。很多宿舍矛盾的形成，往往是成员各行其是，没有考虑到集体环境中自己的行为会对他人造成的影响，尤其是在独生子女众多的学生宿舍里，更有必要制定明确的宿舍规范，以建立良好的宿舍人际关系。

（1）协商作息规范。只有大家协调一致、共同遵守，才能减少争执，消除摩擦，维持正常的生活秩序。

（2）规范卫生值日制度及奖惩制度。保持宿舍卫生是每一个成员的责任，提前规范宿舍卫生值日制度，有章可循，才能制约每个成员完成卫生任务。

（3）提前协商宿舍的公用事项的花费。

策略二：注意细节，彼此尊重和体谅。

在宿舍狭小的空间里，个人的任何行为都有可能对其他人造成影响，学生必须注意自己的生活细节，避免因为自己无意中的行为对别人造成伤害。同时，对舍友也不可以要求过高，不能要求别人处处体谅自己、谦让自己。要端正心态，适应集体生活中的摩擦和冲突。

（1）尊重个人隐私。不仅仅要尊重交往对象的人格、爱好，还要尊重对方的隐私，绝不可以因为关系亲密而任意侵犯对方的个人隐私。

（2）退一步，海阔天空。在宿舍集体生活中，在平等交往的基础上，尊重对方的习惯，宽容对方的缺点。

（3）有来有往，互惠互利，互帮互助，互相分享。

2. 师生间的关系

理解和信任是师生建立良好关系的基础，有效的沟通是桥梁。但师生间的认知偏差会使学生的心理压抑，出现攻击行为等。

情境再现4

小磊打电话告诉父母:"和班主任接触并不多,每周一次班会课大家才会碰面,平时班主任也不太管我们。任课老师都是上课来,下课就夹着书走了,上课也很少点名。有些老师只管自己讲自己的,也不管下面的学生听不听得懂。两个月过去了,他们恐怕不认识我们中的任何一个人。我们就像一群被放养的羊。"

心灵解析:在职业院校,任课教师常常与学生保持一定的距离,除了班主任和少数专业教师比较亲近外,其他大部分教师与学生一般只是单纯的教学关系。教师上课来,下课走,其余时间很少与学生见面。很多学生会感到师生关系远不如中学那么亲密。其实,如果学生能主动一些,会发现教师们往往比想象中更容易接近,多数教师愿意与学生讨论自己所教的课程,多多交流会使学生从中受益。

心理策略:在职业院校,师生关系相对显得松散。学生应该主动和教师交往,以平等的心态看待师生关系,也要摒弃中学时代养成的对教师的依赖心理,学会自我管理、自我教育。

3. 亲子间的关系

民主型的家庭,父母和孩子经常沟通、交流,家是孩子温暖的归属港湾。而专制型的家庭,父母与子女之间不能进行良好的沟通,这样会给孩子造成不同程度的心理伤害,往往会造成孩子孤僻、专横的性格,从而影响孩子的人际交往。

情境再现5

小蕾问小菲:"你好像有两个星期没有和你爸妈通电话了吧,你不想他们吗?"小菲不屑地看着小蕾说:"我才不像你呢,每天抱着电话,早汇报、晚请示的,连买个鞋子都要咨询下你妈,你都多大的人了!我的青春我做主,知道吗?"小蕾不可思议地问小菲:"从小到大,所有事情都是我爸妈给我打理的,连我考这个学校、将来的工作,也都是他们安排好的。他们要是不管我,我都不知道该怎么办。"小菲摇摇头说:"我爸妈一直不怎么管我,他们一直都很忙,就负责给我学费、生活费。我想干什么,我自己就能决定,我也不喜欢他们干涉,等我缺钱了,我再给他们打电话。"

心灵解析:现在绝大部分学生都是独生子女,部分学生长期生活在父母的宠爱之下,养成了处处依赖父母的习惯,虽然成年了,但心理依然没有断乳。有部分学生因为父母忙于工作,与父母情感交流较少,双方之间更多的是一种经济上的联系。实际上,学生此时更需要父母在道德品质、人生观及学习等各方面的关心和指导。

心理策略:家是我们最温暖的港湾,父母是学生遇到困难后最有力的支持力量。

首先,要理性处理代沟问题,寻找到与父母有效沟通的方式。事实上,在相互尊重、信任的基础上形成的亲子关系,可以使子女从中汲取营养。

其次,要增强独立意识,顺利度过心理断乳期。学生可以通过与同龄人的交流、学习来获得成长的经验,增强独立生活的能力。同时,克服对父母的过度依赖,当遇到困难、面临目标抉择的时候,给自己一次锻炼的机会。逐渐让自己的心态更成熟、人格更独立,从而为顺利地进入职场、独立承担社会责任打下坚实的基础。

【心理健康自测2】

人际交往能力测验

请结合你自己的情况考虑下面的问题,回答"是"或"否"。

1. 你喜欢参加社会活动吗?
2. 你喜欢结交各行各业的朋友吗?
3. 你常常主动向陌生人做自我介绍吗?
4. 你喜欢发现他人的兴趣吗?
5. 你在回答有关自己的背景与兴趣的问题时感到为难吗?
6. 你喜欢做大型公共活动的组织者吗?
7. 你愿意做会议主持人吗?
8. 你与有地方口音的人交流有困难吗?
9. 你喜欢在正式场合穿礼服吗?
10. 你喜欢在宴会上致祝酒辞吗?
11. 你喜欢与不相识的人聊天吗?
12. 你喜欢在孩子们的联欢会上扮演圣诞老人吗?
13. 你在集体活动中愿意扮演逗人笑的小丑吗?
14. 你喜欢成为联欢会上的核心人物吗?
15. 你是否为自己的演讲水平不佳而苦恼?
16. 你与语言不通的外国人在一起时感到乏味吗?
17. 你与人谈话时喜欢掌握话题的主动权吗?
18. 你与地位低于自己的人谈话时是否轻松自然?
19. 你希望别人对你毕恭毕敬吗?
20. 你在酒水供应充足的宴会上是否借机开怀畅饮?
21. 你是否因饮酒过度而失态?
22. 你喜欢倡议共同举杯吗?

评分与解释

本测验的答案并无对错之分。只是一般情况下，擅长社交的人会倾向于以下答案：

1. 是　2. 是　3. 是　4. 是　5. 不　6. 是　7. 是　8. 不　9. 是　10. 是　11. 是　12. 是　13. 不　14. 是　15. 不　16. 不　17. 是　18. 是　19. 不　20. 不　21. 不　22. 是

检查你在每一题上的答案，若与上述答案符合得 1 分，否则得 0 分。计算你的得分。

17~22 分：你在各种各样的社交场合都表现得大方得体，从不拒绝广交朋友的机会。你待人真诚友善，不狂妄虚伪，是社交活动中备受欢迎的人物，也是公共事业的支持者。

11~16 分：你在大多数社交活动中表现出色，只是有时缺乏自信心，今后要特别注意主动结交朋友。

5~10 分：也许是由于羞怯或少言寡语的性格，你没有表现出足够的自信。你常常显得过于局促不安。

4 分或以下：你是一个孤僻的人，不喜欢任何形式的社会活动。你难免被他人视为古怪之人。

（三）学习方面的问题

1. 学习心理压力大

长期的心理压力会造成精神上的萎靡不振，导致食欲不振、失眠、神经衰弱、记忆下降、思维迟缓等。

情境再现 6

一直优秀的小文一向对自己要求很高，这与其家庭的期望有关，他父母都是教师，希望自己的孩子在各个方面都不错。在学校里，他对每一天甚至每个小时都进行了细致的规划，像一只陀螺飞速运转着，珍惜在校的分分秒秒。可是，在一次技能竞赛中，他名落孙山，这让他备受打击。他觉得离自己的目标越来越远，怀疑起自己的学习能力，同时感到自己在学习上的优势在消失，甚至多年积累的自信心也受到挑战。对未来，他忽然担心起来，他该怎么办？

心灵解析： 对学业期望过高，自尊心强，都是学习动机过强的表现。小文非常渴望学业成功，受表面的学业动机的驱使，渴望外在的奖励与肯定，特别是由学业优秀带来的心理满足，使他更看重自己的学习成绩。这就造成他学习强度过大，心理压力过重，而一旦受到挫折，就容易丧失信心，一蹶不振。

心理策略： 不同强度的动机对学习的作用不同。动机过强或者过弱，都不利于学习效率的提高。学习动机太强，对自己抱很大的期望，会让自己过于紧张和焦虑；学习动机过弱，用于学习的时间就会减少，大量的精力用来娱乐，荒废了学业。激发或唤起适度的动机，具有最佳的学习效果。

2. 厌学

对学习不感兴趣，是目前比较突出的学习问题，不仅学习成绩差的同学不愿意学习，一些成绩较好的同学也同样会出现厌学情绪。

情境再现7

"那个品学兼优、刻苦努力、积极乐观的我哪去了？难道进入职业院校就意味着这样的改变吗？"二年级学生莉莉不停地问自己这个问题。从小到大一直是优等生的她，进入学校后却不知道该如何对待学习了。学习仿佛变得不再重要，放眼课堂，有的人上课睡觉，有的人在玩手机，还有人不惜逃课去谈恋爱、上网、逛街。甚至有些同学平时忙于各种社团和活动，考试前临时突击，也能够顺利过关。这种学习氛围让莉莉感到很迷茫，她不知道学习为了什么，究竟应该学哪些东西，于是她开始放任自己，无聊的时候会上网、看电影，就这样浑浑噩噩地度过了一年级。二年级时，她眼睁睁地看着有些同学通过了英语等级考试，有些同学拿到了奖学金，而自己却一无所获。所谓的放松其实并不轻松，这让她有了很深的愧疚感，觉得对不起父母和自己。她试图找回原来的自己，可是一番努力后，学习效果并不理想，甚至有了厌学的情绪，这深深挫伤了她的自信心，不知道如何改变现状。

心灵解析： 相信很多同学都有类似莉莉的经历。出现这种情况的问题在于对学习缺乏明确的目的，又受到其他人的不良影响，导致学习动机下降，丧失学习兴趣。

心理策略： 学生需要树立正确的学习动机，学习动机是直接推动学习的一种内部动力，是激励和指引学生进行学习的一种需要。它不但对我们的学习具有巨大的推动力，还控制着学习的方向。学习目标要明确，同时要学会正确地归因。

3. 考试焦虑

部分学生遇到考试时会产生焦虑情绪，遇到较为重要的考试时更为严重。

情境再现8

一年级学生小芳，学习十分用功，但是考试成绩并不理想。她来自农村，从小学习刻苦，父母和家人对她寄予了极大的期望。小芳中考失利进入职业院校，她很难适应新的学习方式，一年级第一学期竟有一门科目不及格，这对她的打击很大，觉得对不起父母。第二学期开学后，她更加努力，希望自己能够顺利通过所有考试，争取拿到奖学金，因为这不仅能为家里减轻负担，还关系到今后的就业。可是在临近考试前，她发现自己越努力越学不好，而且经常失眠、头痛、胃痛，无法集中注意力，学习效果非常差。由于平时内向，不爱交往，小芳羞于向别人倾诉自己对考试的担忧和焦虑，积郁的情绪得不到宣泄。

心灵解析： 由于害怕考试失败及考试失败带来的后果，小芳压力很大，出现了焦虑的情绪。有些学生把一次考试和未来的发展联系起来，高估了考试的价值和意义，又迫切希望自己在考试中取得好成绩，自我期望水平过高，这些都可能造成内心的矛盾和冲突。这种冲突长期地积压，会引起焦虑情绪。

心理策略：

策略一：劳逸结合、科学用脑。

人的大脑和身体一样，只有充分休息，才能够更好地发挥作用。劳逸结合、科学用脑，保持清醒的头脑和良好的身心状态，是防止学习焦虑的有效途径。

策略二：适度的考试焦虑有利于能力的发挥。

焦虑的存在并不一定是一件糟糕的事情，适度的焦虑可以促进学习。在考试之前，适度的焦虑可以维持大脑的兴奋性，使大脑以积极的状态去应对考试。

策略三：从容应对考试焦虑。

考试对每个人来说都是一次考验，或多或少会引起焦虑情绪。考试之前，不妨试试以下方法克服焦虑：

（1）把注意力放在复习上，而不是考试的结果上，关注学习方法和技巧的使用，而不是担忧考试失败后该怎么办。

（2）从学期初就认真学习而不是临时"抱佛脚"。学习是一个漫长的积累过程，没有任何的捷径可以走。仅靠考试之前的突击复习是无法系统地掌握知识的。

（3）只有确立合理的预期，才能轻装上阵。学生对于考试的难度，以及自身的学习情况、方法、时间等有个客观的评价，才能以轻松的心态去应对考试。

（4）自我放松，给予积极的自我暗示。紧张时，可以通过听音乐、运动、聊天等方式放松心情。

【心理健康自测3】

考试焦虑度测试

请根据自己的实际情况回答以下问题，其中，与自己的情况"很符合"记3分，"较符合"记2分，"较不符合"记1分，"很不符合"记0分。各题得分相加为总分。

1. 在重要考试的前几天，我就坐立不安了。

2. 临近考试时，我就拉肚子。

3. 一想到考试即将来临，身体就会发僵。

4. 在考试前，我总感到苦恼。

5. 在考试前，我感到烦躁，脾气变坏。

6. 在紧张的温课期间，常想到："这次考试要是得个糟糕的分数怎么办？"

7. 越临近考试，我的注意力越难集中。

8. 一想到马上就要考试了，参加任何文娱活动都感到没劲。

9. 在考试前，我总预感到这次考试将要考坏。

10. 在考试前，我常做关于考试的梦。

11. 到了考试那天，我就不安起来。

12. 当听到考试的铃声响时，我的心马上紧张起来。

13. 遇到重要的考试，我的脑子就变得比平时迟钝。

14. 考试题目越多、越难，我越感到不安。

15. 在考试中，我的手会变得冰凉。

16. 在考试时，我感到十分紧张。

17. 一遇到很难的考试，我就担心自己会不及格。

18. 在紧张的考试中，我会想些与考试无关的事情，注意力集中不起来。

19. 在考试时，我会紧张得连平时背得滚瓜烂熟的知识都忘得一干二净。

20. 在考试中，我会沉浸在空想之中，一时忘了自己是在考试。

21. 考试过程中，我想上厕所的次数比平时多些。

22. 考试时，即使不热，我也会浑身出汗。

23. 考试时，我会紧张得手发僵或发抖，写字不流畅。

24. 考试时，我经常会看错题目。

25. 在进行重要的考试时，我的头就会痛起来。

26. 发现剩下的时间来不及做完全部考题时，我会急得手足无措、浑身大汗。

27. 我担心如果我考了不理想的分数，家长或老师会严厉指责我。

28. 在考试后，发现自己懂得的题没有答对时，就十分生自己的气。

29. 有几次在重要的考试之后，我腹泻了。

30. 我对考试十分厌烦。

31. 只要考试不记成绩，我就会喜欢考试。

32. 考试不应当在紧张的状态下进行。

33. 不进行考试，我能学到更多的知识。

结果分析：在评定结束后，将33个项目的得分相加即为总分。一般来说，分数越高，症状越严重。具体情况是：0~12分属镇定；13~24分属正常；25~49分属轻度焦虑；50~74分属中度焦虑；75~99分属重度焦虑。

4. 学习方法不适应

新生入学后，部分学生会对职业院校的教学模式、学习方法产生不适应感。中学时以教师教学为主、教师和家长共同监督，进入职业院校，学生主要靠自主学习，学生自由支配的时间增多。学生对突如其来的转变不知所措，不知道如何安排课余时间，导致学习效率下降。

情境再现9

进入职业院校后，小王开始尽情地享受属于自己的自由时光：一年级参加各种社团活动，认识了很多朋友；二年级和很多朋友去旅游；三年级和自己喜欢的女孩牵手。一切都那么美好，至于学习，那永远是自己计划中最不重要的一部分。三年的时光，上课逃课，考试作弊，对专业知之甚少，英语、计算机证书一个也没有拿到。为什么会这样？他自己也在思考……

心灵解析：进入职校之后，学习上的强制性任务较少，教师的指导性降低，学习的自主性提高，在学习方式、学习内容及专业发展等方面都有很大的自主空间。学习方式的改变使学生自由支配的时间增多，面对这些空余时间，学生如果不能统筹规划，合理安排，就会不得要领，忙乱不堪，或浪费时间，收效甚微，甚至导致学习效率低下。

心理策略：在职业院校，虽然也有教师讲课，但这种讲授只是提纲挈领式的，讲授之后的理解、消化、巩固等各个环节主要靠学生自己独立完成。学生需要自主确定学习目标，自行安排学习时间、地点等，这都要求学生有较强的学习自觉性。此外，学生还需要具备一定的自制能力，能够克服惰性和现实中的困难，选择适合自己的学习方法，按照学习计划坚持下去。

5. 对所学专业不适应

有些学生在填报志愿时听从了家长、教师的安排，或通过招生教师介绍，没有真正了解自己所学专业的特点，入校后发现对所学专业不感兴趣，从而陷入专业学习的困境。

情境再现10

小李是某职业院校三年级的学生，性格外向、活泼开朗，是班级的活跃分子。当初填报志愿时，父母经过多方打听和反复研究，帮他选了目前就读的专业。由于小李对专业了解不多，就稀里糊涂地听从了他们的安排，根本没有考虑自己的兴趣爱好。可进入职业院校后，他发现自己一点都不喜欢这个专业，甚至到了讨厌的地步。他从师兄那里了解到，自己专业的就业情况并不理想，即使能进入一个不错的单位，薪酬也很低，而且工作非常辛苦。他开始厌恶所有的老师和课程，不清楚自己在学什么。小李很苦恼，难道要这样痛苦地度过余下的几年吗？

心灵解析： 对专业不感兴趣，是导致学生学习动机下降的主要原因之一。就像很多人不喜欢自己的工作一样，大多数学生对自己所学的专业也是不满意的，但这并不影响他们在这个领域做出卓越的成就，因为人除了兴趣，责任和上进心也很重要。

心理策略： 很多人都曾后悔自己选择的专业和方向，觉得这些知识对自己未来毫无益处，但是通过专业的学习，学生具备了学习的能力及思考问题和解决问题的能力，这才是专业学习带给我们的宝贵财富。

（1）兴趣是引领我们进入某一领域的重要因素之一，但是任何成功都不是只凭兴趣来完成的，努力和坚持更重要。

（2）不管是否喜欢自己的专业，都没有理由草草应对，把眼前的事情做好，那才是最重要的。

（3）虽然目前我们无法改变自己的专业，但请不要放弃，任何知识对我们来说都是非常重要的，试着改变态度，许多年后，也许这一改变会使我们从中获得许多乐趣，并因此拥有值得骄傲的人生。

（四）青春期的心理困惑

1. 青春期闭锁心理

进入青春期后，人的内心变得丰富多彩：一方面，渴望被人理解和关注；另一方面，独立感增强，不愿意把自己的内心轻易表露出来。这就出现了青春期常见的闭锁心理，表现为沉默、孤僻、不善交际、易羞怯，同时也有意回避父母与师长。这是青春期的一种正常现象，但如果因此而变得抑郁、忧虑、苦闷和不安，那就可能产生闭锁心理障碍。如任其发展，易形成自我封闭、自我孤立的性格，甚至会导致悲观厌世。

2. 情绪既易激动又内隐

青春期的生理剧变必然引起学生情感上的激荡，这种动荡的情感有时表露，有时内隐，尽管内心激动、高兴或苦恼、消沉，但表面上似乎很平静；有话想与别人倾诉，可碰到父母或教师却又缄默不言，长期下去便会出现压抑心理，甚至出现焦虑、抑郁情绪。

3. 恋爱问题

职业院校的学生年龄一般为15~20岁，属于青春期的中后期、青年的前期。他们身心最大的特点是生理上的蓬勃发展和心理上的急剧变化。学生的性心理已由"异性疏远期"发展到"异性接近期",并逐渐向"两性恋爱期"发展,同时开始重视自己的形象,精心修饰自己。这种男女生之间彼此愿意接近、互相吸引的心理,是青春期性心理发展过程中必然要经历的过程。但是,现阶段的学生生理、心理尚未完全发育成熟,特别是世界观、人生观、价值观还处于形成阶段,思想还不够成熟。因而,一些学生不能很好地调节、控制自己的心理需要,缺乏健康的与异性交往的方式、方法,把异性吸引误认为是爱情,往往因一句动听的话、一封友好的信、一个爱慕的眼神、一次美好的交往而动情,开始谈情说爱,或者在情感的冲动下,主动以写信、传纸条、约会等方式向异性表示"爱情"。

情境再现11

爱情是什么?

小张从小到大成绩都很好,从中学起就有很多女同学对他有好感,他自我感觉特别好,当时因年龄小,没有往恋爱方面想。来到职业院校后,小张对班上一个女同学产生了好感。他鼓起勇气约对方去打球,对方爽快地答应了,因为这点,他便想当然地认为对方对自己也有好感,随后就在宿舍高调宣布自己恋爱了,还很大方地请宿舍同学吃饭。过了一段时间,他又约对方打球,可这次女同学没有答应。被拒绝的小张很难过,回到宿舍垂头丧气地说自己失恋了,一连好几天没去上课。

心灵解析: 同学的生理年龄差异不大,而心理年龄的差异却很大,有些同学在言行举止方面表现得很得体,有些同学却由于种种原因,待人接物的方式还停留在中学甚至小学阶段的水平。这个同学明显心理年龄不成熟,遇事表现得大喜大悲,情绪不稳。

情境再现12

男女之间有纯洁的友情吗?

小李报名参加了几个感兴趣的社团。社团里有很多女同学,其中有些很热情,经常主动和小李说说笑笑,路上遇见的时候,有些女同学会主动和他打招呼,小李心里感觉美美的,觉着自己特别有魅力。可当他主动和对方联系,想进一步发展成恋爱关系时,对方的反应又出乎他的意料,那些曾经对他很热情的女孩没有了以往的热情。这让小李很痛苦,觉得女孩的心思真是难以捉摸。

心灵解析: 男生与女生在生理、心理和行为上有很多的不同,因此,在交往时首先要尊重对方,在互相尊重中学会爱人与被爱。男女之情亦是建立在一般友谊之上的,男女之间良好的友谊是将来进一步交往的坚固基石,但不要错误地将友情当成爱情。

心理策略： 有些同学会错误地将男女同学之间的友情当成爱情，这是因为学生心理年龄还不太成熟，处理事情以点概面、绝对化。应明白：

（1）男女之间的交往存在着纯洁的友情，但是这种友情很容易发生变化。学生在和异性交往的时候需要把握好度。

（2）在学习期间，多给自己创造和不同人交往的机会，异性之间的交往有助于健康人格的形成。如果仅仅是为了谈恋爱，才和异性接触，必然会影响到自身的发展。

三、找寻"心"的适应方法

面对出现的各种心理不适，及时调节好个人的心理状态非常重要。如何改善心理状态、规划学习生活，是每个学生要考虑的问题。

（一）主动适应，尽快掌握新的生活技能

面对新的环境变化，学生可以从以下三点入手，培养自己适应新环境的能力：一是要有积极乐观的心态，主动探索和认识环境的变化，调整自己的生活习惯。异地的学生要积极和本地学生进行交流，了解当地的自然环境、风俗习惯、方言、生活方式等，做好应对变化的准备。二是培养独立生活的能力，养成良好的生活习惯，形成健康的生活方式。自主地计划和管理好生活，制订有规律的作息计划，合理饮食，养成良好的生活习惯，正确理财，合理消费，远离抽烟、酗酒、玩通宵游戏、铺张浪费等。三是培养自己的兴趣爱好，安排好自己的生活。合理利用课余时间，积极参与校园文化生活，锻炼各项能力，提高自身综合素质，培养广泛的兴趣爱好和高尚的情操。

（二）正确地认识自己和悦纳自我

正确地认识自己是与现实保持和谐关系的关键。要适应生活，应先从现实中认识自己，而后再进一步去实现自己。学生应当正确地对待他人对自己的评价，科学地分析自己的长处和短处。一方面，要看到自己的优势，并注意保持；另一方面，对于自身存在的差距要想方设法弥补，但对一些自己付出很多努力也无法赶上他人的差距，要以正确的心态来对待，不要自卑和沮丧。只有客观全面地认识自我，摆正自己的心态，才能心平气和地悦纳自我。

（三）树立明确的目标和方向

新生刚入学，就像站在十字路口，出现目标丢失和理想真空的状态，对新的生活无所适从。因此，在熟悉环境之后，应该尽快确定新的学习目标和奋斗目标。只要能树立起一个合适的目标，就会有行动的方向和动力，让人充满信心和活力，为将来顺利就业铺平道路。

（四）培养乐观情绪，加强意志锻炼，成功度过适应期

乐观积极的情绪，对人的意志、行为和个性心理起着积极的作用，有利于身心健康，促进良好的人际关系的形成，增强学习和工作的动力。校园是社会的缩影，学生面临突如其来的困难和曲折，受到批评和误解，都是正常的。由于新生对新环境与新事物不适应，容易产生不顺心和委屈的情绪，需要克服的困难更多。遇到挫折时，学生应自觉控制和调节自己的心理与行为，面对现实，找出失败的原因，将挫折转化为促进目标实现的积极因素。

（五）掌握良好的交往技巧，建立和谐的人际关系

良好的人际关系是学生提高学习效率、完善自身意识、促进心理保健的需要。应该了解人际交往的几大原则，并在人际交往中自觉遵循这些原则。一是平等尊重原则，双方在精神、人格和地位上是平等的，要尊重对方的意愿，不能强迫他人，这是人际关系形成的基础。二是诚实守信原则，在交往中要重诚信，讲信用，不欺骗，这是人际交往得以维持、发展和深入的保障。三是互利互惠原则，双方都要有所付出，有所给予，才能得到对方的帮助和支持，这样的良好的人际关系才能持久。

（六）学习心理知识，寻求心理帮助，维护身心健康

进入职校后，人生开始一个新的里程，要学会全面、客观地看待事物，积极寻求心理帮助，学会心理调适，摆脱负面情绪，维护身心健康。

四、解决"心"的问题途径

为了做好学生心理健康教育工作，我校积极探索各种途径，帮助学生解决心理问题，呵护学生的心理健康。

（一）建立心理健康普查制度

每年9月开学后，我校会对入校新生进行心理健康普测（图6-1），及时、全面地了解新生心理动态，进一步提高校园心理健康教育工作的科学性和针对性，更好地帮助学生了解自我，适应新环境。对有心理问题倾向的学生，重点关注，全程跟踪学生心理发展。建立学生心理健康档案，规范学生心理健康管理。

图 6-1　对新生进行心理健康普测

（二）开设心理健康课程

学校重视学生心理健康教育，根据教学计划在各年级有计划地开设心理健康教育课程，如《护理心理学》《心理学基础》《心理健康与职业生涯》《高职心理健康》等，并将课程内容与专业实际联系起来，贴近学生的心理需求，学生愿学乐学，并结合思想政治教育工作，呵护学生心理，使其健康成长。

（三）建设心理健康教育中心

心理健康教育中心始终围绕"提升全体学生心理素质，促进学生人格健全发展"的总体目标，倡导"用心服务，用爱联结"的核心理念，扎实推进心理健康教育工作，本着真诚、尊重、接纳、保密的原则，为学生提供专业的心理咨询与服务，激发学生内在潜能，提升他们的价值感和幸福感。

1. **不断加大硬件投入**

目前心理健康教育中心已建有预约等候区、共享阅读区两个功能区和个体咨询室、沙盘治疗室、正念冥想室、放松室、宣泄室、团体辅导室六个功能室，配备了心理自助仪、VR动感单车、智能宣泄仪、放松按摩椅、生物反馈放松训练系统、正念头环、心理沙盘、高压氧舱等心理舒压设备，为学生提供了更为有效的心理疏导硬件条件。通过个体咨询、音乐放松、情绪宣泄、团体辅导等多种方式，帮助学生面对和解决成长中的烦恼（图6-2）。

图 6-2　学生体验心理舒压设备

2. 做好心理咨询服务

学校心理健康教育中心设立在图书馆一楼。目前该中心有国家二级心理咨询师 3 人、三级心理咨询员 5 人。每学期各位老师都会按照心理咨询值班表进行值班，确保工作日每天下午两节课后向学生开放，接待来访学生，接听心理热线，在学校心理软件平台进行留言回复，为学生在学习、交友、情感、择业等方面排忧解难，及时解决学生的心理困惑，帮助学生健全人格，提高心理素质，增强社会适应能力。

3. 成立学生心理协会

心理协会在校团委和心理健康教育中心指导下积极开展工作，在中心老师的指导下开展朋辈心理辅导活动，普及心理健康知识，提高学生心理健康意识和素质，协助组织了"5·25"心理健康月等主题活动。指导各班心理委员开展班级活动，提高各项活动的参与度和覆盖面，引导学生树立正确的世界观、人生观和价值观。

4. 开展积极向上的课余活动

近年来，学校心理健康教育工作以形式多样、丰富多彩的主题教育为载体，在潜移默化中普及心理健康知识，有效激发学生的积极性、主动性和创造性，在全校营造了和谐、健康、积极、向上的良好氛围。开展"5·25"（我爱我）、"12·5"（要爱我）等心理健康月活动，主要涵盖朋辈心理辅导技能培训班、心理手语操大赛、心理情景剧比赛、心理趣味文化节、心理普测、心理沙龙、优秀心理作品展示、"笔尖的温度"漂流瓶等多项活动（图 6-3—图 6-6）。

图6-3 心理手语操《挥着翅膀的女孩》

图6-4 心理情景剧《拒绝精神内耗》

图6-5 心理趣味文化节

图 6-6　心理健康月系列活动

学校充分利用每天阳光一小时的时间开展内容丰富、形式多样的社团活动，帮助学生陶冶情操，锻炼意志，扩大交友面，形成开朗乐观的性格，释放紧张情绪，促进身心健康。

第二节　安全教育　预防为先

学生安全牵动万家。当今生活环境千变万化，社会存在诸多的不确定因素，家庭的过多保护，使许多学生面对具体问题时束手无策。无论是老师、父母还是警察，都不可能给孩子一生的安全承诺和保护，只有学生自身具备了安全意识和能力，才可一生平安。

安全重于泰山。和谐安全的校园环境，是学校顺利开展教育教学工作的前提和基础，是学生健康成长的保障，是家庭幸福的保证。

一、人身安全教育

人身安全是指个人的生命、健康、行动等与人的身体直接相关的平安康健，不受威胁，不出事故，没有危险。

（一）人身伤害的类型

根据造成伤害的原因，人身伤害分为四个类型：一是自然灾害造成的人身伤害，如火山爆发、台风、飓风、地震、森林大火、水灾、雷击、海啸等；二是意外事故造成的人身伤害，如运动损伤、溺水、烧（烫）伤、化学物质灼伤、触电、爆炸等；三是人为因素造成的人身伤害，如打架斗殴、食物中毒、传染病等；四是不法侵害造成的人身伤害，如抢劫、滋扰、性侵害等。

（二）人身安全的自我防护

1. 发生地震、雷电等自然灾害时的自我防护

（1）地震。保持清醒的头脑，在室内时寻找相对安全的躲避空隙，在室外时迅速远离危险区，寻找身边的安全地点，积极自救，保存体力。

（2）雷电灾害。做好避雷措施，雷雨天气时避免外出，不要触摸金属管道，远离危险物。

2. 常见校园意外事故的预防和处理

（1）运动损伤的预防。做好运动前后的准备和整理活动，注意运动前后的饮食，正确处理运动时的伤痛，患有疾病的同学不参加剧烈活动。

（2）烧伤、烫伤的防护。尽量远离热源，如发生烧（烫）伤后，要立即隔断热源。对轻度伤，可立即用自来水冲洗；对大面积烧（烫）伤，要保护创面，及时就医治疗。

（3）实验室化学物质灼伤的预防。了解化学物质特性，严禁违规操作，做好事故时的自我保护。用清水冲洗伤口或用恰当的中和剂冲洗伤口。

（4）触电的处理。立即切除电源，如果触电的人神志不清，但呼吸、心跳均正常，可将其抬到温暖的地方静卧，严密观察，对心跳微弱的触电者应使其就地平卧，松解衣扣，采取人工呼吸、胸外心脏按压等措施急救，并及时拨打急救电话。

（5）被困电梯时的自救。保持镇静，迅速按下所有楼层的按钮，及时按下紧急报警按钮，拨打救援电话，寻求外界的救援帮助。紧紧抓牢电梯内扶手，在电梯急速下降时，要保持半蹲的姿势，防止速度过快，给自己造成伤害。

3. 避免意外伤害

（1）远离打架斗殴。内强素质，外塑形象；冷静克制，学会容忍；自我约束，遵章守纪；严于律己，宽以待人；加强沟通，减少猜疑。避免校园暴力的滋生。

（2）善待自我和他人。尊重生命，正确对待自我，明确生命的意义。接受挫折教育，面对困难，及时调整，合理解压。培养自我责任意识，增加对社会的适应能力。遵守法律，遏制犯罪。

情境再现13

预防高温天气

暑假期间，小明和家人一起到海边度假。小明第一次接触大海兴奋不已，从上午10点一直玩到下午1点。由于小明只穿了泳裤，回到酒店发现自己胳膊、后脖颈都晒得通红，甚至爆皮、疼痛不止。随后去医院诊治，医生诊断为晒伤。

案例分析： 夏季游泳是消暑的好方法，但在海边或露天游泳一定要做好防晒措施。案例中小明在海边连续游玩三小时，而且只穿了一条泳裤，长时间的暴晒是导致他晒伤的原因。青少年在高温天气下活动时，除了注意饮食与补水外，还要注意防中暑和防晒伤。

知识点拨： 在夏季闷热的天气里，易出现热伤风（夏季感冒）、腹泻和皮肤过敏等疾病。高温环境下，人体代谢旺盛，能量消耗较大，而闷热又常使人睡眠不足、食欲不振，造成人体免疫力下降，此时再不加节制地使用空调或电扇来解暑，人体长时间处于过低温度环境里，机体适应能力减退，抵抗力下降，病菌、病毒就会乘虚而入，易引起上呼吸道感染（感冒）。另外，高温高湿环境，细菌、病毒等微生物大量滋生，食物极易腐败变质，食用后会引起消化不良、急性胃肠炎、痢疾、腹泻等疾病的发生。还有，人们从室外高温环境中回到家中，习惯马上打开空调或用电扇直吹，吃些冰镇食品，容易导致腹泻；闷热天气，人体排汗不畅，还容易导致皮肤过敏症。此外，消化不良、食积、寄生虫也可能致病。

预防应对： 补充水分时把握量少次多的原则。炎热天气下人体会大量出汗，极容易发生中暑或虚脱现象，要注意多饮水，以补充水分。在高温天气下，人体内钠、钾随汗液的排出而大量丢失，可引起电解质平衡失调；人体内维生素C、维生素B_1和维生素B_2随汗液的排出而丢失，可引起营养素的代谢紊乱；人体内蛋白质分解增加，可引起能量消耗的增加。因此，在高温天气下，应保证人体营养摄入与膳食合理，对于维持机体生理功能、代谢活动和电解质平衡，保障身体健康，均至关重要。夏季，气温在36℃～38℃环境下，从事室外体力劳动的人，每日应补充10～12L的水；从事室内工作的人，每日应补充2～3L的水。另外，大量出汗同样会引起无机盐丢失，故在补充水分的同时，应补充无机盐。同时还要注意，应增加维生素C、蛋白质、能量的摄入。

情境再现14

雷电防范要尽早

某中学教学楼遭到雷电的袭击，致使28名学生不同程度被雷击伤，其中有三四名学生伤势严重。据该市气象局防雷中心主任讲，该校教室窗户是铁制的，又没有采取防雷措施，导致学生被雷击伤。

案例分析： 这是由于学校安全管理疏漏造成的事故，学校应承担相应责任。学生要掌握雷雨天防雷常识。雷雨天气要关闭窗户，不要离窗户太近，更要远离铁制物品，以免雷电沿着铁丝进入房间，产生强大电流，造成人员伤亡。在夏季，雷击事故时有发生，有关专家分析认为有以下几种可能：一是该学校位于山坡上，位置高而遭遇雷击；二是教室内部可能有容易导电的电线或者其他金属，引发雷击事故。

知识点拨： 雷雨，又称雷阵雨，是空气在极端不稳定状况下所产生的剧烈天气现象，它常挟带强风、暴雨、闪电、雷击，伴随着冰雹、龙卷风，往往造成严重灾害。

（1）火灾和爆炸。直击雷放电的高温电弧、二次放电、巨大的雷电流、球雷侵入可直接引起火灾和爆炸；冲击电压击穿电气设备的绝缘可间接引起火灾和爆炸。

（2）触电。积云直接对人体放电、二次放电、球雷打击、雷电流产生的接触电压和跨步电压可直接使人触电，电气设备绝缘因雷击而损坏也可使人遭到电击。

（3）设备和设施毁坏。雷击产生的高电压、大电流，可毁坏重要电气装置和建筑物及其他设施。

（4）停电。电力设备或电力线路遭破坏后，即可能导致大范围停电。

预防应对： 雷电全年都有可能发生，但强雷多发生在春夏之交和夏季。可从以下三个方面加强防范。

（1）雷雨天气应尽可能避免外出，如果留在室内则要关闭门窗；不要洗澡；不靠近外墙和电气设备；不触摸水管、煤气管等金属管道；不接打移动电话；关闭电脑、电视和网络，不要靠近窗口；在没有装避雷装置的建筑内要避开钢柱、自来水管和暖气管道，以防雷电电流经它们窜入人体。此外，室内如人员较多，相互间应相隔几米为好。关好门窗，防止球雷窜入室内造成危害。

（2）在室外时，要远离树木、楼房等高大物体；如果来不及离开高大的物体，应该找些干燥的绝缘物放在地下，坐在上面，采用下蹲的避雷姿势，注意双腿并排，双手合拢，切勿放在地面上。千万不可躺下，虽然这时高度降低了，却增大了跨步电压的危险。不要穿潮湿的衣服，不要靠近潮湿的墙壁；要远离建筑物的避雷针及接地线。雷雨天气尽量不要在旷野里行走。如果有急事需要赶路时，要穿塑料等不浸水的雨衣；要走得慢些，步子小点；不要用金属杆的雨伞，不要把带有金属杆的工具放在肩上。人在遭受雷击前，会突然有头发竖起或皮肤颤动的感觉，这时应立刻躺倒在地，或选择低洼处蹲下，双脚并拢，双臂抱膝，头部下俯，尽量缩小暴露面积。

（3）身处户外时应尽可能不在大树下、旗杆旁、烟囱、电线杆等孤立、高耸物体旁避雨。如果万不得已需要在大树下停留，必须与树身和枝叶保持2米以上的距离，尽可能下蹲并把双脚靠拢，以降低身体有效高度并预防跨步电压的危险。

如果身在空旷的地方，应该回避山顶上的孤树和孤立草棚等，雷击时应该马上蹲在地上，这样可减少遭雷击的危险。不要用手撑地，这样会扩大身体与地面接触的范围，增加遭雷击的危险。双手抱膝，胸口紧贴膝盖，尽量低头，因为头部最易遭雷击。

如果野外有片密林，一时又找不到其他避雷场所，也可以利用密林来避雷。这时不要站在树林边缘，最好选择林中空地，双脚合拢，与四周各树保持距离。

如果在江、河、湖泊乘船或游泳池中游泳时，遇上雷雨天气，则要赶快上岸离开。因为水面易遭雷击，况且在水中若受到雷击伤害，还增加了溺水的危险。另外，尽可能不要待在没有避雷设备的船只上，特别是高桅杆的木帆船。

如果正在驾车，应留在车内。车壳是金属的，因屏蔽作用，就算遭闪电击中，也不会伤人，因此，车厢是躲避雷击的理想地方。但是雷电期间最好不要骑马、骑车、和开敞篷车。

二、财产安全教育

个人财产指个人拥有的金钱、物资、房屋、土地等物质财富。学生的财产主要是指金钱、饭卡、手机、生活用品和学习用品等。

（一）学生个人财产的保护途径

学生个人财产的保护途径有他力保护和自力保护。他力保护就是利用法律、法规和规章，依靠国家行政、司法机关、学校保卫职能部门和其他行政组织的保护。自力保护或称自我保护，是凭借自己对财产安全的防范意识和基本常识，依靠自己的力量，对财产的不法侵害进行事前的预防、适时的防卫及事后的保护。

（二）财产损失的预防

发生在学生周围的财产损失案件大部分是由于学生自身的防范意识淡薄，给作案分子以可乘之机而造成的。

1. 预防盗窃

学生宿舍是财物失窃的高发地。一间寝室住四五个学生，有的则不同班的同学混住。有些学生外出时不及时锁门，对自己的贵重物品和随身物品保管不严，随意搁置，往往会给盗窃者可乘之机。有些宿舍的门锁等设施损坏后没有及时修理，门框缝隙较大，门锁很不牢固，用力撞击或者用卡片插入门锁，就能将门打开，这常被窃贼所利用。有些同学违反学校住宿管理规定，擅自带老乡等校外人员在宿舍留宿，没有妥善保管宿舍钥匙，也会导致盗窃案件的发生。

为防止财物失窃，学生应注意：

（1）保管现金的最好方法是将其存入银行卡，并设置密码，不要将密码告诉他人。应分开存放银行卡与身份证。

（2）暂时不用的贵重物品最好锁在抽屉、柜子里。放长假前，要将贵重物品带回家。有意识地做一些特殊的记号，增加被盗后找回的可能性。

（3）养成进出寝室随手关门的良好习惯，谨防小偷溜进宿舍盗窃或不法分子顺手牵羊。最后离开宿舍的同学一定要注意关好门窗。

（4）保管好自己的钥匙，不要随便借给他人或乱扔乱放。

（5）对形迹可疑的陌生人应提高警惕，不要留宿他人。

2. 预防诈骗

学生常遇到的诈骗有：

（1）推销、代销诈骗。针对一年级新生，骗子大多采用以厂家寻找销售代理或低于市场价的假冒商品诈骗学生钱财，推销文具、手机卡、洗护用品、鞋帽服饰等多与学生生活息息相关的假冒物品。

（2）兼职、求职诈骗。骗子利用在校学生缺少社会和工作经验，部分同学或者毕业生急于求职的心理，利用零押金、高报酬等，窃取学生求职信息，编造各种理由，诱骗其走进他们设下的陷阱。

（3）仿冒身份诈骗。一些犯罪分子伪装成老师、银行机构、亲友等身份进行欺诈。通过电话、短信等形式联系学生或家长，编造各种理由，骗取学生或家长的银行卡卡号，甚至在短信链接内植入木马程序，学生或家长一旦点开就获取了身份信息，转走资金。

（4）网络购物、虚假中奖和优惠信息的诈骗。骗子常借助网络、短信、电话等，发布虚假中奖、优惠促销、客服退款等信息，引诱购买者与其联系，从而骗取钱财。

（5）无偿提供贷款诈骗。一些非法网络贷款平台面向在校学生提供贷款业务，学生只需在网上提交相关资料、支付一定手续费，就能轻松申请信用贷款。这实际是披了"校园贷款"外衣的高利贷。校园贷款会滋生借款学生的恶习，若不能及时归还贷款，放贷人会采用各种激烈手段向学生讨债，也有不法分子利用"高利贷"进行其他犯罪。

为防止财产受损，我们需牢记：

（1）戒除贪婪，勿信"天上掉馅饼"。不要听信陌生人的花言巧语、贪图方便，办理业务时要到正规的营业厅办理。切勿贪小便宜，遇到上门推销的情况时不要轻易购买。防止银行卡诈骗、网上诈骗、电话诈骗，不要相信未经核实的退学费、中奖、捐助等信息和电话。

（2）信息保密，勿泄个人信息。不要随意告知陌生人自己的个人情况、手机号码及家中的电话号码等，手机中父母、亲戚的电话最好用真名显示，不要出现容易透露出双方关系的字眼。不要把自己的个人信息和家庭联系方式轻易示人，不要将自己的手机、身份证、学生证、校园卡、银行卡等重要物品借给他人使用或交给他人保管。不要填写各种来历不明的表格，不要随意扫描陌生的二维码，以防信息泄露，给不法分子实施诈骗等违法活动以可乘之机。

（3）提高警惕，勿信不明证件物。一些犯罪分子为了博取同学的信任，会提供伪造的证件（如学生证、身份证），所以一定要仔细辨别真伪，防止上当受骗。

（4）及时沟通，勿让骗子钻空子。参加社会实践、勤工俭学、实习的同学，到学习和工作场所之外的地点赴约、面试、就餐时，要保持通信畅通，牢记紧急求助电话。涉及汇款行为时，与家长约定好汇款条件、方式，让家长不要草率寄钱。凡是涉及钱财往来或要求在规定时间内指定地点汇款的行为要求，必须三思而后行。

（5）消息通畅，勿使联络有盲区。经常把自己的在校生活状况和家长进行沟通，使家长遇到情况能够迅速辨别真伪。不要单独与陌生人外出，即使是与同学、朋友、老乡有事外出，也要事先告知老师、家长或同班同学。

3. 预防抢劫抢夺

抢劫是指以非法占有为目的，以暴力、胁迫或者其他方法实施的将公私财物据为己有的一种犯罪行为。抢夺是指以非法占有为目的，乘人不备，公然夺取他人的财物。这两种犯罪行为都侵害他人的人身权利，而且容易转化为凶杀、伤害、强奸等恶性案件。时间多发生在晚上，特别是在夜深人静、行人稀少时；地点多为比较偏僻、人少的地段；对象多为携带贵重物品、单独活动的个人。犯罪分子较凶残，多携带凶器，极具伤害性。

为避免人身和财产安全受到侵害，我们应谨记：

（1）增强自我防范意识，保护好所有私人信息，不要在公众场所夸大、炫耀财富。

（2）外出时尽量不要携带过多的现金和贵重物品，如果必须携带大量现金或较多贵重物品，应结伴随行。

（3）要遵守校规校纪，不在夜深人静时独自外出，避免深夜滞留在外不归或晚归。

（4）穿戴适宜，方便活动，发现可疑人跟踪尾随，要提高警惕。

（5）当生命财产受到威胁时，应大声呼救，尽快报警。如具备反抗能力或时机有利，就应及时发动进攻，制服之或使作案人打消继续作案的心理。如在僻静地方或无法与作案人抗衡时，应放弃财物，保证人身安全，找准时机向有人、有灯光的地方奔跑求助，待处于安全状态下再尽快报警。注意观察作案人的特征，为公安机关破案提供线索。

情境再现15

防范盗窃　养成防盗好习惯

某中职学校二年级学生丹和霞是同班同学，两人是无话不谈的好朋友。两人之间几乎没有秘密，甚至连生活费都放在一起使用。有一天，丹发现自己银行卡里少了3 000元，而自己根本就没有取过钱，丹告诉了老师。老师经过了解发现，丹的银行卡平时就放在没有上锁的柜子里，寝室的同学都知道，而密码丹也告诉了霞，霞却否认使用过银行卡。于是老师将情况报告保卫处并报案，经过公安机关调查，调取了霞通过学校取款机取出3 000元的视频资料，确认钱被霞所盗取。真相大白之后，丹和同学们都非常惊讶，没有想到是好朋友偷了自己的钱，大家也为霞感到惋惜。鉴于霞是初犯，悔改意思明显，又得到受害人的谅解，公安机关做出了免予刑事处罚的决定，但学校给予其纪律处分。

案例分析：学生要保管好自己的财物，还要防止上当受骗。要有防范意识，养成留心观察身边的人和事的习惯，当发现财物被盗或有其他危险时，要快速、准确、实事求是地报警，用法律武器维护自己的人身财产安全。

知识点拨：一般盗窃案件都有以下共同点：实施盗窃前有预谋准备的窥测过程；盗窃现场通常遗留痕迹、指纹、脚印、物证等；盗窃手段和方法常带有习惯性；有被盗窃的赃款、赃物可查。由于客观场所和作案主体的特殊性，校园盗窃案件还有以下特点：

（1）时间上的选择性。

作案人为了减少作案时被发现的风险，对作案时间往往进行了充分的考虑，其作案时间大多在作案地点无人的空隙时间。

（2）目标上的准确性。

校园盗窃案件特别是内盗案件中，作案人的盗窃目标比较准确。由于大家每天都生活、学习在同一个空间，加上同学间互不存在戒备心理，东西随便放置，贵重物品放在柜子里也不上锁，使得作案分子盗窃时极易得手。

（3）技术上的智能性。

在校园盗窃案件中，作案主体具有特殊性，高智商的人较多，作案分子有的本身就是学生。在实施盗窃过程中对技术运用的程度较高，自制作案工具效果独特先进，其盗窃技能明显高于一般盗窃作案人员。

（4）作案上的连续性。

"首战告捷"以后,作案分子往往产生侥幸心理,加之报案的滞后和破案的延迟,作案分子极易屡屡作案而形成一定的连续性。

预防应对:加强宿舍防盗,应做到如下几点:

(1) 提高警惕,注意防范坏人,遇到形迹可疑人员在宿舍周围转悠时,要主动询问并及时报告管理宿舍的老师。

(2) 收录机、计算器、照相机、手表、现金等贵重物品,不要乱丢乱放,大额现金及时存入银行。

(3) 离开宿舍前要关好门窗,随身携带好钥匙,不要图方便,将钥匙放在门框等处。如发现钥匙丢失,应及时向负责老师报告,并及时更换门锁。

(4) 发现宿舍被盗时,要立即保护好现场,并及时报告学校保卫处。

发现宿舍被盗的处置方法:

(1) 及时报案。如发现宿舍被撬,门窗被破坏,宿舍内箱子被翻,抽屉的锁被撬坏,就可断定宿舍已被盗,要立即向学校保卫处报案,并报告给学校有关领导。

(2) 保护好现场。发现宿舍被盗后,多数同学急于清点失物而翻动自己的柜子、箱子、抽屉,查询自己丢失了哪些东西,还有一部分同学则出于好奇、关心等原因围观、安慰。结果当公安保卫人员来勘查现场时,一些与罪犯有关的痕迹、物品都不复存在或者难以找到,使公安人员难以对犯罪活动做出准确的判断,延误了破案的时间。

(3) 如实回答前来勘查和调查的公安保卫人员提出的各种问题。回答时,要认真回忆,实事求是。不要凭想象推测,力求全面、细致、准确。

(4) 积极向负责侦破案件的公安人员提供情况,反映线索,协助公安保卫部门破案,不要觉得此事无关紧要而忽略,也不要觉得涉及某个同学,怕伤害感情,公安保卫部门有义务为反映情况的同学保密。

情境再现16

防范诈骗

2022年4月19日晚8时许,林某在教学楼前遇到两位(一男一女)自称南京某大学学生的年轻人,二人称到广州散心,钱已用完,想借林的银行卡转账。林不同意,他们便提出将一部三星手机抵押给林某,向林某借1 000元人民币,第二天来还钱赎机,林某借给了他们500元人民币,他们留下一部三星手机就溜走了,林某后来发现此手机是与真实手机同等质感的假手机。

案例分析:利用同情心诈骗是校园诈骗另一种常见的手段,诈骗者通常利用学生涉世不深,思想相对简单,编造故事博取对方的同情,达到骗取对方财物的目的,更有甚者对女学生猥亵、性侵。

预防应对：增强防骗意识，应注意以下几点：

（1）帮助陌生人要讲究方法，绝不能因为好面子而将自己的财物交其处理，或跟随陌生人去往陌生的地点。

（2）不要将个人有效证件借给他人，以防被冒用。

（3）不要将个人信息资料如银行卡密码、手机号码、身份证号码、家庭住址等轻易告诉他人，以防被人利用。

（4）切不可轻信张贴广告或网上勤工助学、求职应聘等信息。

（5）不要相信天上掉馅饼的事情，馅饼下面通常藏着一个陷阱。

（6）与人相处目的要纯正，以高利投资、贪图享乐为目的往往会被人设局。

（7）养成"做决定前想三分钟的习惯"，或者和自己的挚友、老师商量一下，减少未知风险。

（8）不要相信网络中所谓的非常规渠道的货源，便宜的背后往往就是骗人的把戏。

（9）到正规的网店、购物平台进行购物，不浏览如翻墙网站、色情网站、博彩网站等非法网站。

（10）不要相信所谓的内幕消息，对方想的可能只是赚取你的入会费。

（11）通过正规的招聘网站或招聘会寻找工作机会，事先调查了解招聘企业的基本信息。

（12）遭遇要求缴纳各种费用的招聘企业要提高警惕，这类企业大多数都是骗子公司。

（13）不要借助所谓的路子、关系、潜规则去找想要的工作。

当自己的钱财被诈骗分子骗取后，应立即报警，保存好与骗子间聊天的记录、交换的物件等，并向警方提供有利线索，同时不要打草惊蛇，以免骗子逃之夭夭。如果被骗钱财数额较小，可先寻求学校保卫处、老师或家长的帮助，切莫以"破财免灾""无关痛痒"的想法隐瞒了事，从而放纵诈骗分子。

三、活动安全教育

日常活动是在校学生必不可少的项目，为避免活动中潜在的安全隐患，防止意外伤害的发生，同学们要提高安全意识，做好相应的防护措施，确保活动的顺利开展。

（一）室内活动安全

（1）防磕碰。不在室内追打或做剧烈的运动和游戏，防止磕碰撞伤。

（2）防摔伤。需登高打扫卫生、取放物品时，请他人加以保护，以防跌倒摔伤。

（3）防坠落。无论教室或宿舍是处于高层还是处于低层，都不要将身体探出阳台或者窗外，谨防坠楼的危险。

（4）防挤压。开关教室或宿舍门窗时，要轻柔小心，留意自己和他人身体，防止挤伤、夹伤。

（5）防火灾。不使用明火，不带打火机、火柴、烟花爆竹等易燃易爆的危险物品进校园，不私拉电线。

（6）防意外伤害。不带锥、刀、剪等锋利尖锐的工具。图钉、大头针等文具，用完及时收纳，不随意散落桌面或地上，防止有人受到意外伤害。

（二）室外活动安全

（1）在室外活动时不追跑哄闹，不攀爬翻越。走廊上，转弯和进出教室时都要减速慢行，防止碰撞。

（2）上下楼梯靠右行，逐层上下，不跑，不跳，不推搡，不起哄，不在楼梯扶手上滑行。

（3）自觉遵守校园警示牌的要求，不触摸有电的地方。

（4）体育活动时听从教师的安排，做好活动准备，规范上课行为。

（5）未经教师允许不得私自出校门。如遇特殊情况需离开校园的，应先履行请假手续，得到班主任许可，将假条交给门卫后方可出校，并在规定时间内返校。

情境再现17

注意军训安全

2021年7月下旬，王某被江苏一所高中录取，并被通知自8月5日，学校组织高一新生到青少年基地接受封闭式军训。当天下午，老师和教官对参加军训的学生进行了军训注意事项的教育，提醒同学们在训练时遇有不舒服或不适应及时举手提出。随后，同学们被带到篮球场上进行军训，按照教官的要求，挺胸、立正、练习站姿。正值炎夏，天气炎热，气温高达34℃。王某热得汗流浃背，仍旧坚持着。突然他眼前一黑，直挺挺地向前栽倒，由于颌部落地，造成面部外伤。王某随即被教官和老师送往医院，经诊断为下颌骨多发性骨折和双侧下颌骨髁状突骨折。

案例分析：军训时，天气较炎热，要预防中暑。如果确实支撑不住，应向教官报告，以防意外事件的发生。

知识点拨：军训前的准备工作主要有如下几点：

（1）准备合适的装束。军训宜穿球鞋、军鞋或旅游鞋，忌穿新鞋和高跟鞋；鞋号宜稍大一点；防备雨天鞋湿，应备用一双，鞋子里面再垫一块软鞋垫。袜子要柔软，应多准备几双。

(2) 准备饮水容器。容器容量要大，瓶口要大，以免接水时烫伤，最好有提手，以便携带。另外，容器应不易打碎。

(3) 准备常用药品和润喉片。因为军训时不断地喊口号，易口干舌燥。

(4) 注意饮食。不要自带食品，以防食物变质吃坏肚子。

军训期间做好自我管理，注意做好以下几点：

(1) 补充营养，不要挑食。军训的体力消耗极大，应注意各种维生素的补充。

(2) 避免酒精和咖啡因。不要抽烟，也不要喝咖啡，这两种物质有兴奋神经的作用，会导致入睡困难。若睡眠不好，势必影响第二天的训练。

(3) 注意预防。大雨或大汗淋漓后不要急于喝水，稍微休息片刻再补充水分；不要饮用生水，以免引起肠胃疾病。

(4) 夜晚按时作息。军训期间夜晚按时作息，养精蓄锐，为白天军训打下良好的基础。

(5) 抓紧午休。中午午休，确保有充沛的体力。

(6) 着装整齐。出门前要认真检查军训服装，如军帽、帽徽、臂章、腰带等。

(7) 不要硬撑。如果军训中体力无法支持，不要硬撑，防止出现意外，特别是体质较差的同学，如感觉头晕眼花，千万不要硬挺着。正确的办法是立即喊报告，到阴凉地休息一会儿。

(8) 及时就医。如脚踝崴伤，切忌按摩和热敷，应立即用凉水冲洗15分钟，之后找校医处理；如遇烫伤，也应及时用凉水冲洗，然后找校医处理。

预防应对：军训大多数是在9月份，此时天气炎热，如不注意，学生很容易中暑。可运用以下方法防止中暑。

(1) 补充水分时以运动饮料和茶水、盐水最佳，不要喝大量的白开水或矿泉水。

(2) 戴帽子，可减缓头部吸热的速度。

(3) 选择浅色的衣服，棉花及聚酯合成的衣物最为透气。

(4) 勿打赤膊，以免吸收更多的辐射热，通风的汗衫反而有消暑的作用。

中暑的救护措施有如下几点。

(1) 发现自己和其他人有先兆中暑和轻症中暑表现时，首先要做的是迅速撤离引起中暑的高温环境，选择阴凉通风的地方休息。

(2) 多饮用一些含盐分的清凉饮料。

(3) 在额部、颞部涂抹清凉油、风油精等，或服用人丹、藿香正气水等中药。

(4) 如果出现血压降低、虚脱等现象，应立即平卧，及时送往医院静脉滴注生理盐水。

（5）对于重症中暑者，除了立即把中暑者从高温环境中转移至阴凉通风处外，还应该迅速将其送至医院，同时采取综合措施进行救治。

情境再现18

楼道内防拥挤

2022年9月25日，某小学预备铃响后，学生从宿舍前往教室的过程中发生踩踏事故，导致6人死亡、26名学生受伤。事故发生在下午2点30分左右，当时一二年级的学生集体结束午休，从休息的楼层下楼返回教室。午休室门口有两个长约3米的海绵垫子，很多学生出于好奇，上前击打，致使海绵垫子翻倒在地，将一些学生压在下面。后面的同学不知道有人被盖住了，就踩了上去，同学们有的哭，有的喊，有的叫，现场一片混乱。

案例分析：这表面上看是两块海绵垫子引发的踩踏事故，实则凸显了校园安全教育问题，校园设施安全被忽视，安全岗位责任人缺失，安全疏散预案不合理，学生缺乏应对此类事故的日常演练，种种原因导致安全事故一触即发，酿成恶果。

知识点拨：校园防踩踏8招。

（1）不在楼梯或狭窄通道嬉戏打闹，人多的时候不拥挤、不起哄、不制造紧张或恐慌气氛。

（2）尽量避免到拥挤的人群中，不得已时，尽量走在人流的边缘。

（3）发觉拥挤的人群向自己的方向走来时，应立即避到一旁，不要慌乱，不要奔跑，避免摔倒。

（4）顺着人流走，切不可逆着人流前进；否则，很容易被人流推倒。

（5）假如陷入拥挤的人流，一定要先站稳，身体不要倾斜失去重心，即使鞋子被踩掉，也不要弯腰捡鞋子或系鞋带。有可能的话，可先尽快抓住坚固可靠的东西慢慢走动或停住，待人群散去后再迅速离开现场。

（6）若自己不幸被人群推倒后，要设法靠近墙角，将身体蜷成球状，双手在颈后紧扣以保护身体最脆弱的部位。

（7）在人群中走动，遇到台阶或楼梯时，尽量抓住扶手，防止摔倒。

（8）当发现前面有人突然摔倒了，要马上停下脚步，同时大声呼救，告知后面的人不要向前靠近，及时分流拥挤人流，组织人员有序疏散。

预防应对：事故已经发生该怎么办？

（1）拥挤踩踏事故发生后，一方面，赶快报警，等待救援；另一方面，在医务人员到达现场前，要抓紧时间用科学的方法开展自救和互救。

(2) 在救治中，要遵循先救重伤者、老人、儿童及妇女的原则。判断伤势的依据是：神志不清、呼之不应者伤势较重；脉搏急促而乏力者伤势较重；血压下降、瞳孔放大者伤势较重；有明显外伤、血流不止者伤势较重。

四、交通安全教育

交通安全意识是指不发生交通事故或少发生交通事故的主观条件，即指交通参与者要严格遵守交通法规，提高警惕，不因麻痹大意而发生交通事故。学生在校园内和校园外的道路上行走、乘坐交通工具时都要注意自身安全。

随着教育改革的不断深入，学校与社会的交流越来越频繁，校内举办各种活动，使人流、车流量急剧增加。校园道路并不宽敞，交叉路口没有信号灯管制，也没有专职交通管理人员执勤管理，上、下课时容易形成人流高峰。有些同学走路时注意力不集中，边走路边看手机或边听音乐；有些同学左顾右盼、心不在焉；有些同学活泼好动，即使在路上行走也蹦蹦跳跳、嬉戏打闹；甚至还有同学在路上进行球类活动，更是增加了发生事故的危险。许多新生刚刚离开父母和家庭，缺乏社会生活经验，交通安全意识比较淡薄，在离校回家的途中，不能很好地遵守交通法规，选择正确的交通工具，从而导致人身财产安全受到损害。

我们应该如何规避这些风险呢？首要的是提高交通安全意识，自觉遵守交通法规。不管是在校内还是在校外，发生交通事故最主要的原因是思想麻痹、安全意识淡薄。只有提高交通安全意识，掌握基本的交通安全常识，自觉遵守交通法规，才能保证交通安全。

(1) 行路安全。在道路上行走，应走人行道，无人行道时靠道路右边行走。走路时要集中精力，"眼观六路，耳听八方"；不与机动车抢道，不突然横穿马路、翻越护栏，过街走人行横道；不闯红灯，不进入标有"禁止行人通行""危险"等标志的地方。

(2) 骑车安全。在慢车道上骑车，不可以在快车道或者人行道上骑车。在没有划分机动车、非机动车道的路段，要尽量靠右行驶，不逆行，不"飞车"。

(3) 乘坐交通工具时注意安全。乘坐市内公共交通时，要等车停稳后依次上车，不挤不抢，车辆行驶中不得把身体伸出窗外。乘坐长途客车、中巴车时，要到正规汽车站买票上车，不要贪图便宜，乘坐车况不好的车，不乘坐"黑车"或"摩的"。乘坐火车、轮船、飞机时，必须遵守车站、码头和机场的各项安全管理规定，听从现场工作人员的指挥。

一旦发生交通事故，千万不要慌张，冷静对待：

(1) 及时报案。一旦发生交通事故，及时报案，有利于事故的公正处理，千万不能与肇事者"私了"。

(2) 保护现场。事故现场的勘查结论是划分事故责任的依据之一,若现场没有保护好,会给交通事故的处理带来困难,造成"有理说不清"的情况。切记,发生交通事故后要保护好事故现场。

(3) 控制肇事者。若肇事者想逃逸,一定要设法控制。若自己不能控制,可以发动周围的人帮忙控制;若实在无法控制,也要记住肇事车辆的车辆牌号等特征,并及时提供给交警部门。

情境再现19

出行注意交通安全

小胡驾驶着轻型货车在路上高速行驶,这时,突然发现一个男子正在横穿马路,胡某赶紧鸣笛并采取制动措施,但由于该男子头戴耳机,没有听到鸣笛声,而是继续往前走,最终该男子被货车撞飞10多米远,后因伤势过重,抢救无效而死亡。

案例分析:当路上车况较好时,司机经常会以道路限制的最高速度行驶,当突然发现横穿马路的行人时,很难立即将车停住。此案例中,男子没有及时发现路上的车辆,加上戴着耳机,没有听到司机发出的鸣笛警告,没能在第一时间采取躲避措施,因此造成了严重的后果。行人在公路上行走时,切忌戴耳机,尤其在横穿马路时,一定要注意躲避机动车辆,切莫疏忽大意。

知识点拨:发生交通事故怎么办?

(1) 发生交通事故后,当事人或目击者应将事故发生的时间、地点、肇事车辆及伤亡情况报告附近交警部门。

(2) 在交通事故中,很重要的一点是保存事故现场。

事故现场是指发生交通事故的车、物、人、畜及有关痕迹物证等所在的空间场所。发生交通事故后,当事人应在交警到来之前,用绳索、石块等设置现场保护警戒线,以防现场被破坏。因抢救伤者需移动伤者和车辆,要做好详细标记,以保护现场原貌。

(3) 在交通民警未到时,当事人绝不允许随便离开现场或私自处理。当事人肇事逃逸或者有意破坏、伪造现场、毁灭证据,使交通事故责任无法认定的,应当负全部责任。

当事人一方有条件报案而未报案或未及时报案,使事故责任无法认定的,应负全部责任。当事人各方有条件报案而均未报案,或未及时报案,使事故责任无法认定时,负同等责任。

(4) 如遇交通事故,要立即帮助维护交通秩序,帮助打电话报警,记清车辆牌号,寻找伤者，帮助救护。发现事故双方有私了情况，要及时劝阻。

（5）发生交通事故时，还应特别留心以下几点：

① 千万不要私了，在伤势不重的情况下，应及时寻求帮助，通知自己的父母或者老师，或者打120、110报警，通知警察赶到现场处置。

② 一定要记住肇事车辆的车牌号、颜色、大小、形状，以防肇事车辆逃逸。

公交车事故时有发生，事故中大量的人跳窗逃生，但由于跳窗的局限性，造成了较大的伤亡。所以现在补充几条公交车事故自救的方法。

（1）乘客应学会选择正确的疏散通道和方法，寻找最近的出路以最快的速度离开车厢。一般情况下，尽可能从前后车门疏散。

（2）应急开关的操作方法是：先打开位于车门正上方的挡板，找到红色按钮或把手，迅速按下按钮或扳动把手，就会听到液压装置接触车门锁时的"吱吱"声，两三秒之后，车门就可以打开。

（3）紧急情况下，也可推开车窗或砸破车窗逃生。如果车辆坠入水中，可以通过车顶天窗紧急逃生。如果是封闭式的车厢，可以使用车载救生锤砸窗逃生。一旦发生意外，乘客可先用逃生锤在窗上画一个"十"字，再用逃生锤敲击窗户钢化玻璃的中心点。如未找到救生锤，可以利用一切硬物来砸碎车窗逃生。

五、饮食安全教育

饮食和我们每个人息息相关，食品安全问题涉及每个人的身体健康和生命，不容忽视。

（一）注意食品卫生和安全

学生尽量在学校食堂就餐。不到无证摊贩处购餐，减少食物中毒的隐患。在超市等地购买食品时，要仔细检查食品包装有无生产厂家、生产日期，是否过保质期，食品原料、营养成分是否标明，有无 QS 标识，不能购买三无产品。打开食品包装后，检查食品是否有异常性状。要洗净并消毒餐具，不用不洁容器盛装食品。

（二）认识食物中毒

食物中毒者最常见的症状是剧烈呕吐、腹泻，同时伴有中上腹部疼痛。食物中毒者常会因上吐下泻而出现脱水症状，严重者可致休克。食物中毒分很多不同的类型。潜伏期短，一般食后几分钟到几个小时发病。常见胃肠道症状有：腹泻、腹痛，有的伴有呕吐、发热。如饮食后出现上述症状，应怀疑是否食物中毒，并立即到医务室或医院就诊，同时向班主任汇报。

（三）预防食物中毒

学生要认真学习食品卫生知识，掌握一些预防方法，提高自我卫生意识，最大限度减少食物中毒的风险，保证身体健康。

情境再现20

食品安全　人人相关

某职校学生小徐通过外卖软件订购了一份汉堡，刚咬到第二口突然感觉味道不对劲，仔细一看，发现汉堡中夹的是生肉。小徐顿时感到恶心并呕吐，被老师和同学送往医院就诊，经医生诊断为急性肠胃炎。

案例分析：当今大学生大多是独生子女，都在父母的"包办"下生活，生活常识比较欠缺，并不懂得在日常生活中该吃什么和怎么吃才是安全的。因此，学生食物中毒事件频发。

知识点拨：食品安全指食品无毒、无害，符合应有的营养要求，对人体健康不造成任何急性、亚急性或慢性危害。学生群体由于健康饮食知识储备不足，且饮食环境较宽松，主观性较强，普遍存在挑食偏食、每日饮水不足、常吃夜宵及外卖等不良饮食习惯。长期保持不良饮食习惯会引发各种身体亚健康现象。例如，挑食偏食会导致抵抗力降低；饮水量不足会增加血栓性疾病及肾结石的发生概率；常吃夜宵会增加肠胃负担，导致身体肥胖变形及高血压疾病。由于外卖卫生标准无法保证，常吃外卖，轻则营养不良，重则致癌。

预防应对：健康饮食注意事项。

（1）养成良好的卫生习惯，饭前便后要洗手。
（2）选择新鲜安全的食品。尽量不吃剩饭菜、不吃霉变的食物水果。
（3）食品在食用前要彻底清洁。
（4）警惕误食有毒、有害物质引起的中毒。
（5）不到没有卫生许可证的小摊贩处购买食物，不买没有安全标志的食品。
（6）饮用符合卫生要求的饮用水。
（7）积极参加体育锻炼，增强机体免疫力。

六、消防安全教育

消防安全一直是学校安全的重点工作，尽管学校一再强调，高度重视，但每年全国高校发生火灾的案例仍层出不穷。火灾是无情的，应对的措施在于预防，以不变应万变，做到防患于未然。

（一）学校火灾的特点

（1）易造成巨大的伤亡。学校是人员集中场所，一旦发生火灾，极易造成群死群伤的严重后果。学校火灾案例不胜枚举，这些惨痛的案例不是数字的简单罗列，而是一个个鲜活的生命在陨落。

（2）特大火灾易发生在晚上。有些消防通道在晚间关闭，一旦深夜发生火灾，人员疏散混乱，极易造成逃散人员找不到出口而酿成灾难。

（3）易发区域多为学生宿舍。学生宿舍是学校火灾隐患最突出的场所。有些学生罔顾学校纪律，在宿舍乱接电线，违章使用电器，在宿舍内吸烟，用蜡烛照明等，这些都容易引起火灾。

（4）学校防火安全教育不到位。学校应定期组织师生员工进行防火安全、应急疏散和逃生自救的教育培训，一旦发生火灾，师生员工可利用所学知识积极展开自救，控制局面。

（二）发现火情时的处理

（1）发生火情莫要慌。在火势处于初起阶段时，应及时利用室内的水龙头或灭火器积极扑救，掌握最有利的灭火时机，行动时边操作边呼救，绝不要惊慌失措。

（2）火势扩大要呼救。火情蔓延发展迅速，初期如未能有效控制，火势会迅速扩大，要大声呼救，动员其他人来协助灭火，同时拨打"119"报告火警。迅速离开房间，将门关死，防止空气流通加速烟火蔓延，为消防队员救火赢得时间。

（3）火警电话要牢记。发现火情时，住校生应立即向生活管理老师、学校保卫处求助，进行灭火处理。火势无法控制时应立即报警，拨打火警电话"119"，讲清楚着火地点的全称、地理位置及燃烧的物质和范围，并留下回电话时的号码、姓名。当听到消防队员表示立即出警后，方可挂断电话，随后要立即派人到主要路口接应消防车的到来。

（4）救火方法要适当。①冷却灭火。水可以起到冷却降温的作用，产生的水蒸气又能冲淡可燃气体和氧气的浓度；高压密集的水流更能强制冲散燃烧物和减弱燃烧强度，达到灭火效果。但水可以导电，会引起触电。水、油不相容，用水灭油火，会造成油火漂盈，要谨慎用之。当家用电器和电线设施起火或受到火势威胁时，要及时切断电源，然后才能用水扑救；否则，浇水后导电，造成人员伤亡。②沙土覆盖。灭火时采取覆盖的方式，就是用锅盖、湿棉被、泡沫、沙土等不燃或难燃物质覆盖在燃烧物上，隔绝空气，使燃烧物质得不到足够的氧气而灭火，此举不会造成损失，方法简单，器材方便。窒息灭火的方法是小火阶段灭火最好的手段。③隔离搬家。室内起火后，如果火势一时难以控制扑灭，在火势小的情况下，先将燃烧物质周围的可燃、易燃物搬走，火灾就不会扩大,这种方法叫隔离灭火法,也叫搬家法。特别注意,如果室内火势已很大的时候,绝不可因寻钱救物而失去逃生疏散的良机。④打滚水浇。在火场中,如身上衣服着火,正确的方法是:迅速逃离火场,然后就地打滚或用水浇(有清水潭时也可以跳入水中)。不要狂喊大叫,以免火焰吸入喉部,引起咽喉部及内脏灼伤。不要狂奔或用力拍打,这样会增大受创面积,延烧其他部位。用手去拍打,会造成裸露的手严重受伤。

(三)火灾现场逃生方法

(1)熟悉环境,牢记出口。当你来到陌生的地方,特别是在商场、宾馆等大型建筑物中,务必留心疏散通道及楼梯的位置,以便一旦遇到火灾险情的时候,不至于迷失方向而盲目地往火海里闯。

(2)保持冷静,寻路逃生。当楼房发生火灾时,务必要保持镇静,切不可惊慌失措,以免做出错误决断而冒险跳楼。不可乘坐电梯,因火灾时电梯极易断电、变形,此时乘坐电梯等于钻进死亡的"囚笼";也不可躲入床下或壁柜中,这样会令救援者难以发现。正确的选择是:沿烟气不浓、大火尚未烧及的楼梯、应急疏散通道、楼外附设敞开式楼梯等往下跑,一旦在下跑的过程中受到烟火或人为的封堵,应从水平方向选择其他通道,或临时退守到房间及避难层内,争取时间,采用其他方法逃生。

(3)湿巾过滤,匍匐前进。据有关资料统计,在火灾中丧生的人,受烟雾中毒、窒息而死亡的比例远比烧死的要高。因此,当被烟困住时,防烟雾中毒、防窒息死亡是非常重要的。烟雾太浓时,可以用毛巾或湿布捂住口鼻,屏住呼吸,防止烟雾毒气呛入体内。同时,宜俯卧爬行,因烟气、毒气比空气轻,浮在上面,贴近地面的空气一般比较清洁少烟,且含氧量较多,可避免被毒烟熏倒而窒息。

(4)结绳自救,脱离险境。如果火灾发生时安全通道被堵,救援人员又不能及时赶到,情况万分危急时,可迅速利用身边的绳索,或将窗帘、被罩、床单等撕成条连接成绳,用水浇湿,一端紧固在暖气管道或其他负载物体上,另一端沿窗口下垂直至地面或较低的楼层的窗口、阳台处,顺绳下滑逃生。

(5)堵塞门缝,固守求生。固守房中求生,可谓一种选择,当你所在的居所发生火灾,如果用手摸房门感到烫手,则说明房外火势已经进入发展阶段。此时若开门,火焰和浓烟就会迎面扑来。对于汹涌而来的烟雾,务必紧闭门窗,用毛巾、被子堵塞门缝,并向门上泼水,顶住烟火进攻。

防范校园火灾是师生员工的共同责任,我们绝不能麻痹大意、掉以轻心。在日常工作、学习时,要时刻敲醒消防安全的警钟,从思想上树立消防安全意识,从我做起,确保校园长治久安。

> 情境再现21

家庭防火安全知识

2022年6月13日凌晨1点44分，某市消防指挥中心响起急促的报警声，一超市突发大火，夫妻俩被困在超市里生死不明。当地消防队员到达现场后立即灭火，并进入火场搜寻被困人员，很快消防队员在超市阁楼里发现了倒在地上的两人。遗憾的是，经检查发现两人都已没有了生命体征。

案例分析： 火灾安全无小事，尤其是家庭中的家用电器、燃气设备等，一不小心就会酿成火灾，在家庭中，一定要维护好各种家用电器、燃气设备，谨防火灾发生。

知识点拨： 当今家庭使用的气体燃料主要是煤气和液化石油气。在使用过程中，如发现煤气泄漏，应尽快开窗换气，切记不要点火；熄灭房间内的明火，如蜡烛、香烟等；不要开、关电器，以免出现电火花引燃室内煤气；检查煤气泄漏的原因，通常可用肥皂水检查，严禁用明火试漏，如果检查不出漏气的原因，应给煤气管理部门打电话紧急处理。

因烟蒂引发的火灾数不胜数，乱丢烟蒂、躺在床上（沙发上）吸烟、烟灰掉落在易燃物上，都是引起火灾的原因。因为烟蒂的表面温度为200℃～300℃，中心温度可达700℃～800℃，它超过了棉麻、毛织物、纸张、家具等可燃物的燃点。在林区、仓库等重要地方，烟蒂的危险性更大，所以一定不要在这些地方吸烟。如果正在吸烟，临时有事情需要外出，应将烟蒂熄灭后人再离开；未熄灭的火柴梗、烟蒂要放进烟灰缸或痰盂内；不能用火柴盒、烟盒当烟灰缸；不能把烟蒂、火柴梗扔在废纸篓里，不能随处乱丢乱扔烟蒂。

燃放鞭炮致人损伤的案例屡有发生。这些损伤轻则使人受皮毛之苦；中等损伤可以致人残疾；严重者甚至经抢救无效而死于非命。另外，燃放鞭炮还可能引起火灾。为了公民自身及公共安全，买鞭炮时要买质量合格的鞭炮，不要让小孩燃放，不要用手拿着燃放，点燃鞭炮后不要乱扔乱甩，更不要急于用手去拿、去看未响的鞭炮，也不要把鞭炮放在容器内燃放。放鞭炮时要远离房屋及易燃物品，要注意保护好身体。

预防应对： 随着社会的不断发展，各种电器走入了寻常百姓家，给千家万户带来了不少方便。但如果不能规范地使用这些电器，或者电器出现意外，都可能引起火灾。所以，掌握常用电器的防火安全常识是非常必要的。

情境再现22

学校防火安全知识

某市某高校学生公寓504宿舍发生一起火灾事故，致使该宿舍四个架子床、桌椅等公用设施被烧毁，另有价值10 000余元的学生个人生活用品化为灰烬。经调查，这起火灾事故是该校文学院两名女生违反公寓管理制度，使用"热得快"插在暖壶里烧水，而人离开时又忘记切断电源，水烧干后，"热得快"发生短路，迅速引燃周围的可燃物，酿成了火灾。

案例分析： 学校是人员集中场所，一旦发生火灾，极易造成群死群伤的严重后果。学生宿舍是学校火灾隐患最突出所在，一些学校的学生宿舍存在乱接电线、违章用电、宿舍内吸烟、用蜡烛照明、点蚊香、楼道不畅通和消防器材配备不齐全等问题。有的学校为了防盗或治安需要，采取了一些安全措施，如给宿舍的窗户加装防护栏，在楼道出口安装防护用的铁栅栏。有的寄宿制中小学采取封闭式管理，禁止学生随意外出，管理者为图省事，在学生就寝后将宿舍楼出口上锁。凡此种种，一旦深夜发生火灾，人员疏散混乱，极易造成找不到出口而酿成灾难。这就需要同学们更加注意防火，增强防患意识。

知识点拨： 在教室上课时要保证教室前后门都能够打开，以方便人们遇到紧急情况时能迅速疏散。教室内不能使用大功率的电器，不得违反操作规程使用电子教具；对电源线路、插座的负荷要核算检查，不能超负荷使用；要防止因电路老化发生短路；示教用完后的易燃物品应及时清理；教室内严禁吸烟、乱丢烟蒂；等等。

实验室内有毒、易燃、易爆物品不得任意放置。一般的实验教学电子仪器都有熔丝保护设备，当熔丝失灵或者更换熔丝时，不得使用大于规定值的熔丝，也不准用铜丝、铝线替代。操作人员应在仪器关闭后离开实验室，防止因仪器长时间通电过热而引发火灾；电吹风使用后要立即关闭；在使用电烙铁、电热器时要格外小心，不能在通电的情况下随意乱放，防止引燃周围的可燃物品；使用教学仪器时，其附近不准放置火柴、打火机、酒精灯和喷灯等物品；严禁在实验室里吸烟；学生做实验时必须听从教师的指导。

学生公寓如果发生火灾，特别是在夜间，将对学生的生命财产安全构成严重威胁。因此，学校领导和各级管理部门必须高度重视学生公寓火灾的防范，投入资金保证硬件防火设施的完好，并强化学生的消防安全意识。同学们在学生公寓要自觉做到十不准：

(1) 不准卧床吸烟和乱扔烟蒂。

(2) 不准私拉乱接电线和安装电源插座。

(3) 不准占用、堵塞疏散通道。

（4）不准在公寓楼内焚烧杂物。

（5）不准携带易燃、易爆物品进入公寓。

（6）不准使用"热得快"等大功率电热设备。

（7）不准使用酒精炉等明火器具。

（8）不准擅自变动电源设备。

（9）不准离开宿舍不关电源。

（10）不准损坏灭火器和消防设施。

同时，同学们应熟记公寓安全通道的位置和路线。家庭防火的安全知识在学校中同样适用。

预防应对：下面介绍几种火灾中疏散与逃生的方法。

（1）安全出口要记牢。

为了自身安全，同学们务必留心学校教学楼、实验楼及住宅区等场所的疏散通道、安全出口和楼梯方位等，以便关键时刻能尽快逃离现场。

（2）消防通道要畅通。

楼梯、过道等是火灾发生时最重要的逃生之路，应保证畅通无阻，切不可堆放杂物、停放自行车或牵绳挂衣物，以便紧急时能安全迅速地通过。

（3）临危镇定辨方向。

突遇火灾，面对浓烟和烈火，要保持镇静，迅速判断危险地点和安全地点，决定逃生的办法，尽快撤离火灾现场。

（4）简易救护不可少。

在火灾中真正被烧死的人极少，大多数人是被烟熏窒息死亡的。为了防止火场浓烟呛人、中毒、窒息等，可采用毛巾、口罩蒙鼻，匍匐撤离的办法，向头部、身上浇水后，再穿过烟火封锁区。

防烟方法：用湿毛巾捂住鼻口呼吸。一时找不到湿毛巾的，可用衣服或其他棉制品浸湿代替。没水时，尿液也可应急。

防热方法：淋湿身上的衣服；将棉被浸湿裹在身上；将浴缸、浴池注满水，打开水龙头，将身体浸在水中，只留下鼻孔在水面上并用湿毛巾盖住鼻孔呼吸。在没水时，就地打滚，直到身上的火熄灭为止。

（5）逃生切莫乘电梯。

按规范标准设计建造的建筑物，都会有两条以上逃生楼梯、通道。发生火灾时，要根据情况选择进入相对比较安全的楼梯通道逃生。在高层建筑中，电梯的供电系统在火灾中随时会断电或因电梯受热发生变形，而将人困在里面。因此，千万不要乘普通电梯逃生。

(6) 火已烧身莫奔跑。

如遇火灾，发现身上着火，千万不可奔跑或用手拍打，因为奔跑或拍打会形成风势，加速氧气的补充，使火势很旺。当身上衣服着火时，应赶快设法脱掉衣服或就地打滚，压灭火苗或跳入水中；也可让其他人向自己身上浇水。

(7) 发出信号求援助。

当被烟火围困无法逃避时，应尽量待在阳台、窗口等易于被人发现和能避免烟火近身的地方，及时发出有效的求救信号，引起救援者的注意，便于消防人员寻找、营救。

七、网络安全教育

互联网时代的到来，给人们的生活带来了翻天覆地的变化。随着网络的普及，人们对网络的依赖程度越来越高，对网络的需求也越来越强烈，但网络信息的虚拟性也带来了一些潜在的危险。如何把握好网络这把"双刃剑"呢？

（一）上网聊天要慎重

在网络这个虚拟世界里，由于受到沟通方式的限制，人与人之间缺乏真切的交流，唯一交流的方式就是电子文字，而这些往往会掩盖一个人原本的品质，为一些居心叵测者提供了可乘之机。因此，学生在互联网上聊天交友时，必须把握慎重的原则，不要轻易相信他人。

(1) 在聊天室聊天或上网交友时，尽量避免使用真实的姓名，不轻易告诉对方自己的电话号码、住址等有关个人真实的信息。

(2) 不轻易与网友见面，许多学生与网友沟通一段时间后，感情迅速升温，不但交换真实姓名、电话号码，而且还有一种强烈的想要见面的欲望。

(3) 与网友见面时，要有自己信任的同学或朋友陪伴，尽量不要一个人赴约，约会的地点尽量选择在公共场所和人员较多的地方，不要选择偏僻、隐蔽的场所，约会时间选择在白天。

(4) 在聊天室聊天时，不要轻易点击来历不明的网址链接或来历不明的文件，谨防聊天室炸弹、逻辑炸弹，或带有攻击性质的黑客软件，造成强行关闭聊天室、系统崩溃或被植入木马程序。

(5) 警惕网络色情聊天、反动宣传。一些聊天室里不乏好色之徒，言语间充满挑逗，对不谙世事的学生极具诱惑，他们在聊天室散布色情网站的链接，换取高频点击率，对学生的身心造成伤害。还有一些组织或个人利用聊天室进行反动宣传，拉拢、腐蚀学生，这些都应引起广大学生的警惕。

（二）浏览网页要警惕

浏览网页时要注意以下几点。

（1）选择合法网站。网页的内容五花八门，一些非法网站为达到某种不可告人的目的，不择手段，利用人们好奇、歪曲的心理，放置一些不健康甚至反动的内容，学生应提高警惕。

（2）不浏览色情网站。浏览色情网站，会给自己的身心健康造成伤害，长此以往，还会导致走向性犯罪的道路，应远离色情网站。

（3）发表言论要谨慎。有些同学喜欢在网上发表言论，甚至发表带有攻击性的或者反动、迷信的内容，这些容易造成自己 IP 地址泄露，受到他人的攻击，稍不注意还会触犯法律。

（三）谨慎网络购物

随着信息技术的发展，网络购物也成为一种时尚。但网上购物存在一定的陷阱和风险，需注意如下几方面的问题。

（1）选择合法的、信誉度较高的网站进行交易。网上购物时必须对该网站的信誉度、安全性、付款方式进行确认，防止个人账号、密码遗失或被盗，造成不必要的损失。

（2）网页上的推荐广告只能作为参考。在交易二手货物时更要谨慎，不可贪图小便宜。若网上商店所提供的商品与市价相距甚远或明显不合理时，要小心求证，切勿贸然购买，谨防上当受骗。

（3）避免与缺少登记名称和负责人名称、地址、电话的电子商店进行交易。

（4）进行网上交易时，应妥善保存交易记录。

（四）谨防网络欺骗

一些网站或个人为达到某种目的，往往会不择手段，套取网民的个人资料，甚至银行账号、密码，以达到个人目的。同学们在利用网络的同时，要谨防网络陷阱和欺骗。

（1）不要轻易相信互联网上的中奖信息。某些不法网站或个人利用一些人贪图小便宜的心理，常常通过公布一些中奖信息，要求中奖人邮寄汇费、提供信用卡卡号或个人资料，套取个人钱物、资料等。

（2）不要轻易相信互联网上来历不明的测试软件，如个人情商、智商、交友之类的测试软件，这类软件大多要求提供个人真实的资料，这往往是一个网络陷阱。

（3）不要轻易将自己的电话号码、手机号码在网上注册。一些人在注册成功后，不但要缴纳高额的电话费，而且会受到一些来历不明的电话、信息的骚扰。

（4）不要轻易相信网上公布的快速致富的窍门。天下没有免费的午餐，一旦相信这些信息，绝大部分都会赔钱，甚至血本无归。

（五）预防网络犯罪

近些年来，网络犯罪不断增长。个别学生学习了一些计算机的知识后，急于寻找显示自己才华的场所，想在互联网上显一显身手，就寻找一些网站的安全漏洞进行攻击，肆意浏览网站内部资料，删改网页内容，触犯了法律，最后追悔莫及。也有的同学利用互联网从事违法活动，最终走上一条不归路。因此，我们要增强法律意识，正确使用互联网。要时刻保持谦虚谨慎的态度，不在互联网上炫耀自己，预防网络犯罪。

情境再现23

安全交友　练就火眼金睛

小王在网上结识了一位外国学生。这位网友自称毕业于某省理工学院并掌握三门外语，想请小王教他学吉他，小王欣然答应。一天，小王接到这位网友的邀请来到一家川菜馆，一起庆祝网友的生日。见面之后，小王发现网友能说会道，很有才华，而且待人彬彬有礼，于是放松了警惕。一起喝了几杯酒后，两人便称兄道弟了。不胜酒力的小王很快就昏昏欲睡。这时，网友找了个借口离开了这家川菜馆，小王倒在包间里不省人事。4个小时后，小王醒过来，发现自己随身携带的包括手机、吉他在内的总价值近3 000元的财物不翼而飞。小王按照事前与网友曾经联系的电话号码打过去，电话始终关机，小王方知受骗，马上报警。

案例分析：不法分子往往都擅长表演，在骗取他人的信任后，再一步步地将对方引入预先设置好的圈套里，最终达到其非法目的。因此，在与不知底细的网友见面时一定要小心。

知识点拨：网络交友常见的骗术有以下几种：

(1) 与网友见面时，伺机实施盗窃。

(2) 与网友见面时，以借手机打电话为圈套，骗取手机。

(3) 在饮料或酒中下药，致人昏迷，趁机劫走钱财。

(4) 某些经营场所的人员以网络交友为诱饵，骗取网友进行高额消费，以获取非法利润。

(5) 编造各种借钱的理由，骗取他人钱财。

(6) 以帮忙介绍工作或找人拉关系为由，骗取钱财。

(7) 打着网络交友的幌子玩弄他人感情或实施强奸。

(8) 以网络交友为名，进行敲诈勒索、绑架。

(9) 打着网络交友的旗号，到处骗吃骗喝。

(10) 通过网络交友，诱逼他人加入传销组织。

预防应对：下面介绍交友的几条防护措施：

(1) 时刻保持警惕，不要轻易相信他人。

(2) 不要在个人资料和通信过程中泄漏任何真实的私人信息。需要刻意保护的信息有：真实姓名、住宅电话、手机号码、办公电话、家庭住址、公司名称，或者任何可以让他人直接找到自己的信息。

(3) 如果有人不停地索取私人通信方式，或者主动提供给你QQ、邮件、电话号码等，要保持冷静，慎重对待这种局面，并做出理性的选择。

(4) 保持平常心，提醒自己正在做什么。想进一步与对方加深关系之前，回顾一下自己的交友过程，并反思自己想要得到什么。不要过早过快地投入感情，尤其是在约会前，应慎重考虑。

(5) 选择公共场所约会，并告知他人。如果对对方有足够的信任，且到了可以约会的程度，在约会前提醒自己：单独去一个陌生、偏僻的场所，与陌生人约会是多么危险。

(6) 控制首次约会的时间，并且一定要坚持自己回家。

(7) 约会时要察言观色，防止发生意外的伤害。

情境再现24

正确对待网络舆情

2022年8月31日，某高校一名学生在某社交平台上发布消息，大意是：中国国际服务贸易交易会期间，为了保证市民的安全，北京三环附近安排了各国的狙击手，请大家不要乱开窗。消息一经发出，造成了市民的恐慌。该校保卫处的相关负责人称：此条消息并非校方下发，希望大家能够不传谣、不信谣。

案例分析：该学生在面对网络信息时，缺乏明辨真假的能力，在没有查明消息来源是否可靠、是否真实的情况下，轻易相信并传播了这条消息。案例中的这条消息，通过传播，已经严重影响了市民的正常生活，造成了市民的恐慌，引发了公共秩序的混乱，该学生的做法已经触犯了法律。在信息爆炸的今天，面对随时更新的消息，我们应当有自己的判断力。

知识点拨：互联网上的不良信息主要以诈骗、淫秽色情为主。另外，也涉及赌博、攻击党和政府、宣扬邪教等内容。青少年好奇心强，容易接受一些新观念，但又涉世不深，缺乏必要的辨别能力，容易受到各种不良信息的侵袭，走上违法犯罪的道路。

网络谣言是指通过各类网络媒介肆意传播没有事实基础、事实依据的消息。一般的传播途径包括网络论坛、聊天软件、社交软件等。主要的对象有名人明星、各类社会突发事件等。网络谣言的产生原因大多与传播群体科学知识的欠缺、网络信息监管的滞后、各种商业利益的驱动有着密切的关系。

预防应对：

（1）树立正确的世界观、人生观和价值观，提高分辨能力，分清是非、对错和美丑。

（2）遵守社会公德、公民道德基本规范及《全国青少年网络文明公约》，自觉规范个人网络行为。

（3）学习、掌握国家的法律法规，增强自身法治观念。

（4）加强道德修养，提高自律能力，抵制不良信息的消极影响。

（5）不要登录不良网站，要选择官方的、大型的、内容健康的网站。

（6）远离暴力、色情等内容不健康的信息与游戏。

（7）为个人电脑安装不良信息过滤软件，将不良信息拒之门外。

（8）丰富自己的课余生活，培养积极健康的爱好。

（9）在网上发现不良信息或收到垃圾邮件，可向违法和不良信息举报中心举报，也可点击网站上设置的虚拟警察，向公安网监部门举报，共同维护健康的网络环境。

八、国家安全教育

国家安全是安邦定国的重要基石，维护国家安全是全国各族人民的根本利益所在，也是每个公民的责任。日常生活中，我们总感觉"国家安全"这几个字离我们很遥远，其实不然，随着知识分子社会地位的提高，社会重要性的日趋体现，与学生相关的国家安全问题也越来越多，现实生活中如何用自己的力量保护国家安全呢？可以从以下几个方面入手。

（一）始终树立国家利益高于一切的观念

国家安全涉及国家社会生活的方方面面，是国家、民族生存与发展的首要保障。科学技术是没有国界的，但知识分子不能没有自己的祖国。所以，把国家安全放在高于一切的地位，是国家利益的需要，又是个人安全的需要，也是世界各国的一致要求。

（二）树立国家观念，提升安全防范意识

"生于忧患，死于安乐。"一个国家安全意识缺失的民族，只能被动挨打，更别谈发展。作为青年学生，我们要积极参加各类爱国主义宣传及国家安全教育活动，以便我们更好地认清国家安全形势，增强危机忧患意识，树立国家安全观念。

近年来，境外间谍情报机关在策反中方人员，窃取中国政治、军事情报和外交秘密的同时，加大了对经济、科技领域的渗透、窃密的力度，不少学生被间谍情报机关盯住，以金钱利诱等方式迫使学生为他们提供情报服务。这类案件在近年爆发频繁，我们应加强自身安全意识，提升反奸防谍能力。

日常生活中我们应该做到：保护自身信息安全，不轻易将个人信息泄露给不明人员和机构；不将所参加的重要会议及文件内容发布到网络平台；不点击不明邮件链接与朋友圈测试；不与不明身份的网友交谈有关军事、经济、医疗知识的内容；电脑开启防火墙，防止个人信息丢失。

（三）维护祖国团结稳定，不受他人蛊惑

随着经济的快速发展和综合国力的增强，一些社会发展问题也随之而来，国家安全形势发生了巨大变化，不少境外势力趁机插手舆论导向，蛊惑大众，扰乱视听。国家和谐稳定发展关乎每个家庭，身为知识青年，应努力提升自身知识水平，培养独立成熟的思想观念，在面对社会问题时，多一份冷静思考，少一份随波逐流。

（四）发现间谍行为，冷静应对

国家安全，你我都是受益者，我们应力所能及地参与到群防群治行动中。如果发现间谍行为或线索，应及时拨打电话"12339"进行举报，也可直接向国家安全机关或公安局进行举报，在情况允许的条件下，向安全调查人员指认、提供证据。

家是最小国，国是千万家。国家兴亡，匹夫有责。我们每一个人都应切实承担起维护国家安全的责任。

第七章 "五心天使" 德技兼修

作为南通地区唯一一所培养白衣天使的学校，我校结合卫生职业院校办学特点，坚持立德树人为宗旨，以丰富多彩的活动为德育载体，以课堂为德育主渠道，以德育队伍建设为保障，围绕"一个中心"（立德树人），培育"两种精神"（南丁格尔精神和体臣精神），推进"三全育人"（全员、全程、全方位），做实"四自管理"（自我管理、自我教育、自我服务、自主学习），打造"五心天使"（爱心天使、慧心天使、健心天使、雅心天使、匠心天使）。

第一节 历史内涵

中华人民共和国成立以来，始终强调受教育者德智体美全面发展。

1957年，毛泽东同志指出："我们的教育方针，应该使受教育者在德育、智育、体育几方面都得到发展，成为有社会主义觉悟的有文化的劳动者。"

1982年，《中华人民共和国宪法》第四十六条规定："国家培养青年、少年、儿童在品德、智力、体质等方面全面发展。"1995年，《中华人民共和国教育法》第五条规定："教育必须为社会主义现代化建设服务，必须与生产劳动相结合，培养德、智、体等方面全面发展的社会主义事业的建设者和接班人。"

2002年，党的十六大报告提出："坚持教育为社会主义现代化建设服务，为人民服务，与生产劳动和社会实践相结合，培养德智体美全面发展的社会主义建设者和接班人。"

2007年，党的十七大报告提出："坚持育人为本、德育为先，实施素质教育，提高教育现代化水平，培养德智体美全面发展的社会主义建设者和接班人，办好人民满意的教育。"

党的十八大报告则进一步强调把立德树人作为教育的根本任务，培养德智体美全面发展的社会主义建设者和接班人。

党的十九大报告要求："全面贯彻党的教育方针，落实立德树人根本任务，发展素质教育，推进教育公平，培养德智体美全面发展的社会主义建设者和接班人。"

2018年5月，北京大学120周年校庆，习近平总书记与北京大学师生座谈时又指出："我们的教育要培养德智体美全面发展的社会主义建设者和接班人。"

培养什么人，如何培养人，历来是党和国家教育的根本问题，也是学校一直苦苦思索的重要问题。依据党的长期教育方针，学校围绕德育、智育、体育、美育和劳育，会同"工匠精神"的培育，结合卫生院校专业特色，组织丰富多彩的德育实践活动，打造"五心天使"德育品牌，提升学生综合素质及能力。

第二节 品牌发展

2018年9月，习近平总书记在全国教育大会的讲话中提出要培养德智体美劳全面发展的社会主义建设者和接班人，要求构建德智体美劳全面培养的教育体系。根据这一要求，学校于2018年开始打造以文化人，注重培养学生综合素质的"五维构建"，即结合学校专业特色，组织丰富多彩的德育实践活动，开展天使教育主题活动——"爱心天使"德行天下、"智慧天使"智勇过人、"活力天使"体动青春、"优雅天使"美溢校园、"灵巧天使"劳绣人生。

2019年年底，学校将"五维构建"优化为"五心天使"德育品牌，即对标德智体美劳五育内容，围绕"一个中心"，培育"两种精神"，推进"三全育人"，做实"四自管理"，打造"五心天使"。

爱心天使教育对标德育，是指提升学生对正义、善良、美丽的情感培养教育，是学生思想道德教育的核心部分，是学生健康成长的根本动力。爱心包括培养理想信念和参与公益活动，注重引导学生树立社会主义核心价值观，通过打造爱国主义教育和志愿服务的精品活动，不断激励学生传承优良传统，弘扬民族精神。

慧心天使教育对标智育，是指开启学生智慧，走进学生心灵，使学生具备求善求美的价值智慧、求知求真的理性智慧和求实践行的实践智慧。慧心包括弘扬传统文化和加强安全教育，一是开足基础课程，在国家课程计划内面向全体学生开课，呈现"爱"与"活"的"慧心课堂"；二是根据实际，开好拓展课程；三是发展特色课程，面向学生开设如综合实践、慧心自助课堂等必修特色课程，注重培养学生积极向上的学风和明辨是非的能力。

健心天使教育对标体育，是指健全学生的人格和积极的心理品质，增强学生承受挫折的能力，塑造学生健康的体魄。健心包括加强心理健康教育和发展身体素质，通过加强学校的心理健康教育工作，宣传普及心理健康知识，增强学生的体质，注重培养学生积极乐观的心态。

雅心天使教育对标美育，是指培养学生正确的审美观点，发展感受美、鉴赏美和创造美的能力。雅心引导学生提升艺术素养，规范行为养成。学校每年都会开展文明风采大赛、书画比赛、礼仪展示等各类文艺活动，并且利用智慧德育平台对学生进行"四自"管理，在潜移默化中规范学生的行为养成。

匠心天使教育对标劳育，是指培养学生的劳动精神，让他们认识到劳动的重要性，懂得劳动的价值，从而激发他们的劳动热情，培养他们的劳动技能，提高他们的劳动能力。匠心包括加强劳动教育和提升职业素养，通过举办"5·12"国际护士节、职业技能大赛、应急救护培训等活动，并且利用实习、见习等教学实践活动，提高学生的技能水平，为将来从事医护工作打下坚实的实操基础。

2020年，学校紧紧围绕德智体美劳五育内容，加强"五心天使"德育活动的整体设计，依托"一个平台"，完善智慧德育平台建设，开拓"十个维度"，将德育与专业相融合，系统性、可视化、有序化地开展主题教育。"一个平台"指学生成长平台，通过结合德智体美劳五育主题，学生在爱心、慧心、健心、雅心、匠心五个方面参与主题教育，并将参与的照片或总结材料打卡上传至平台作为佐证，根据"五心天使"评价方案的具体标准进行加分，激发学生积极参与活动的热情，助力学生人人出彩。"十个维度"指将德育活动内容分为培养理想信念、参与公益活动、加强安全教育、弘扬传统文化、加强心理健康教育、发展身体素质、提升艺术素养、规范行为养成、加强劳动教育和提升职业素养训练。

第三节　评价方案

为全面贯彻党的教育方针，落实立德树人根本任务，彰显"五心育人　助力成长"的育人理念，根据《深化新时代教育评价改革总体方案》（中发〔2020〕19号）、《国家职业教育改革实施方案》（国发〔2019〕4号）等有关文件精神，结合学院实际，特制定本实施方案。

一、指导思想

坚持以习近平新时代中国特色社会主义思想为指导，全面贯彻党的教育方针，落实立德树人根本任务，遵循学生身心健康发展规律和教育规律，突出职业教育类型特征，创新德智体美劳全面发展的过程性评价，努力构建五年制高职教育高质量人才培养体系，将学生培养成为具有爱心、慧心、健心、雅心、匠心的"五心天使"，助力人人出彩。

二、组织机构

为保障"五心天使"综合素质评价工作的客观性、科学性、规范性和高效性，学校加强组织领导，健全评价工作组织机构，明确责任分工。

（1）综合素质评价工作领导小组。

组长：顾锋、王建军。

副组长：杨建斌、顾锦平、葛玉军、房加洲。

组员：梁同波、邹娟、陈玉萍、周玉春、徐美娟、张伟、成敏、张婷、陈智娴、王海峰、单明、黄铁、吴伟、申淑平、许海斌、钱美娟、徐容、沈爱明、周彤。

综合素质评价工作领导小组主要负责领导和管理"五心天使"综合素质评价工作的统一规划和分工，负责制定实施方案、相关制度和具体操作程序，组织培训和宣传，审定评价结果，协调评价过程的相关工作。。

（2）综合素质评价工作实施小组。

组长：王建军、杨建斌、葛玉军、房加洲。

副组长：徐美娟、张伟、成敏、申淑平、许海斌、钱美娟、徐容、沈爱明、周彤。

组员：王荪琦、施天慧、周雯婷、曹露露、朱赛、陈曦、金山祥、唐荣华、尚振中、任亚丽、王喆、班主任、相关科任教师。

综合素质评价工作实施小组主要负责实施"五心天使"综合素质评价实施方案，相关过程性内容信息的采集输入、审核、输出和公示等工作，学生综合素质评价工作的档案管理。

（3）综合素质评价工作监督小组。

组长：房加洲。

副组长：陈玉萍、成敏、单明、吴伟。

组员：班主任、校系学生会主席。

综合素质评价工作监督小组主要负责对评价实施的过程、效果进行监控，强化纪律监督；审定评价结果，受理举报、投诉、申诉和复议申请；等等。

(4) 班级评定小组。

组长：班主任。

组员：科任教师、班级学生代表。

班级评定小组主要负责按学校综合素质评价工作委员会的要求对学生及家长进行学生综合素质评价的宣传和培训；按评定程序完成各项工作，指导本班学生做好原始数据的收集、整理；负责对班级学生综合素质进行评定；接受家长来访和咨询。

三、评价内容

综合素质评价包括基础素质测评和发展素质测评两个部分，基础素质评价主要测评学生的学业成绩，发展素质评价涵盖德智体美劳五个维度。评价采取过程性评价与结果性评价相结合、定性评价和定量评价相结合的方式进行。

（一）评价细则

1. 爱心天使发展素质评价

即德育评价，主要对学生在思想政治、理想信念、道德修养、法律素养等方面的素质进行评价，尤其对学生在培育和践行社会主义核心价值观方面的突出表现情况进行评价。

（1）表彰或奖励加分。

学生在拥护中国共产党领导、热爱祖国、热爱社会主义、民族团结、献身国防、遵纪守法、爱护环境、热爱劳动、讲究卫生、敬业奉献、诚实守信、文明友善、勤奋学习、热心助人、见义勇为、孝老爱亲、艰苦奋斗、自强不息、勤俭节约等方面受到表彰或奖励，按照相应等级加分，标准如表7-1所示。

表7-1 表彰或奖励加分　　　　　　单位：分

加分类别	国家级	省级	市级	校级	备注
加分标准	15	10	5	3	1. 学期内获得的表彰或奖励，相同类型的按最高级加分，不重复加分；不同类型的，可分别加分。 2. 学生在其他方面有突出表现，受到各类媒体正面宣传或被人民群众给予表扬鼓励的，经学校认定，可给予一定加分，但最高加分不得超过5分。特别突出的由学校直接认定加分。

（2）应征入伍加分。

圆满履行完兵役义务者，复学后在每学期测评中加5分；在服役期间有立功表现并受到嘉奖者，在每学期测评中加10分。

2. 慧心天使发展素质评价

即智育评价，主要对学生在课程学习能力、创新创业能力、外语水平、计算机水平、社会沟通能力等方面的突出表现情况进行评价。

（1）学习能力加分。

学生通过自学考试科目，每通过一门，加 3 分。

（2）创新创业、学科竞赛加分。

包括主管部门认定的数学、英语、PPT 设计等竞赛类活动，"挑战杯"中国大学生创业计划竞赛、"互联网＋"大学生创新创业大赛、大学生职业生涯规划大赛等，加分标准如表 7-2 所示。

表 7-2　创新创业、学科竞赛加分　　　　　　　　　　单位：分

类别	等级						备注
	一等奖		二等奖		三等奖		
	高水平竞赛	其他竞赛	高水平竞赛	其他竞赛	高水平竞赛	其他竞赛	
国家级	25	20	20	15	15	10	1. 个人在学期内以同一作品或项目参加不同级别竞赛活动获得多项奖励的，按最高奖项加分，不重复加分。个人在学期内以不同作品或项目参加竞赛活动的获奖者，可分别加分。 2. 一项竞赛活动由多人参加并获奖的，如排名不分先后，均按相应级别加分；如排名有先后，排名第一的按相应等级加分，其他人员按排名先后，以得分的 70% 递减。排名先后根据获奖证书人员排序或根据相应获奖文件中的人员排序予以确定。 3. 各类竞赛活动若按名次评奖，第一名对应一等奖，第二、三名对应二等奖，第四名以后对应三等奖。若有特等奖，则在一等奖加分基础上再加 2 分。 4. "高水平竞赛"是由相关主管部门认定的，包括"挑战杯"中国大学生创业计划竞赛、"互联网＋"大学生创新创业大赛等。
省级	10		8		6		
市级	6		4		3		
校级	4		3		2		
院系级	2		1.5		1		

（3）外语水平加分。

学生根据外语等级水平考试成绩，予以加分，标准如表 7-3 所示。

表 7-3　外语水平加分　　　　　　　　　　单位：分

加分类别	公共英语（PETS）			医护英语（METS）	
加分标准	三级	二级	一级	二级	一级
	4	3	2	3	2

（4）计算机等级加分。

计算机等级考试加分标准如表 7-4 所示。

表 7-4　计算机等级加分　　　　　　　　　　单位：分

加分类别	一级
加分标准	2

(5) 社会沟通能力加分。

① 学生参加演讲、辩论等竞赛活动，并获得奖励或表彰，予以加分，标准如表7-5所示。

表7-5 社会沟通能力加分　　　　　　　　　　　　　　　　单位：分

类别	等级			备注
	一等奖	二等奖	三等奖	
国家级	15	12	10	1. 以上活动评奖若以名次评出，则第一名按一等奖加分，第二、三名按二等奖加分，第四名以后按三等奖加分。如有特等奖，在一等奖加分基础上再加2分。 2. 在学期内以同一项目参加市、校级及以下竞赛获得名次的，按最高奖项加分，不重复加分。 3. 在学期内以不同项目参加市、校级及以下竞赛获得名次的，可分别加分，但最高不得超过15分。 4. 参加省级及以上活动获得表彰按实际情况累加。 5. 集体项目获奖或未在表中所列的其他活动或竞赛中获奖，加分标准由系部自行制定。
省级	10	8	6	
市级	6	4	3	
校级	4	3	2	
院系级	2	1.5	1	

② 学生积极参加学校或社会活动，并承担主持、解说、讲解、礼仪等工作，经所在系部认定可直接予以加分，具体细则由系部制定，但最高加分不超过5分。

(6) 发明专利加分。

发明专利加分标准如表7-6所示。

表7-6 发明专利加分　　　　　　　　　　　　　　　　单位：分

加分类别	专利权人仅为南通卫生高等职业技术学校			专利权人有多个，且第一专利权人为南通卫生高等职业技术学校			专利权人有多个，且第一专利权人为其他单位			备注
	发明人排名第一	发明人排名第二	发明人排名第三	发明人排名第一	发明人排名第二	发明人排名第三	发明人排名第一	发明人排名第二	发明人排名第三	1. 三人及以上合作成果，限前三名共同申请人加分，排名第四及以后的申请人不予加分。 2. 学生申请受理的实用新型专利、外观设计专利、软件著作权，不计入加分项。
加分标准	15	9	6	13	7	4	3	2	1	

3. 健心天使发展素质评价

即身心健康评价，主要测评学生在各级各类体育竞赛中所体现的运动技能和水平，以及在各级各类心理健康教育活动评比中表现的活动能力，并根据学生所获得表彰或奖励予以加分，标准如表7-7所示。

表 7-7　健心天使发展素质评价　　　　　　　　　　　　　　　　　　单位：分

类别	等级			备注
	一等奖	二等奖	三等奖	
国家级	15	12	10	1. 以上活动评奖若以名次评出，则第一名按一等奖加分，第二、三名按二等奖加分，第四名以后按三等奖加分。如有特等奖，在一等奖加分基础上再加2分。 2. 在学期内以同一项目参加市级及以下竞赛获得名次的，按最高奖项加分，不重复加分。 3. 在学期内以不同项目参加市级及以下竞赛获得名次的，可分别加分，但最高不得超过15分。 4. 参加省级及以上活动获得表彰按实际情况累加。 5. 集体项目获奖或未在表中所列的其他活动或竞赛中获奖，加分标准由系部自行制定。
省级	10	8	6	
市级	6	4	3	
校级	4	3	2	
院系级	2	1.5	1	

4. 雅心天使发展素质评价

即美育评价，主要测评学生艺术表现能力和创意实践能力，学生在校内外文化艺术类实践活动及竞赛中所体现的文化艺术素养。

学生参加音乐、美术、书法、舞蹈、戏剧、影视等文化艺术类比赛（包括文明风采大赛）并获得表彰或奖励，予以加分，标准如表 7-8 所示。

表 7-8　雅心天使发展素质评价　　　　　　　　　　　　　　　　　　单位：分

类别	等级			备注
	一等奖	二等奖	三等奖	
国家级	15	12	10	1. 以上活动评奖若以名次评出，则第一名按一等奖加分，第二、三名按二等奖加分，第四名以后按三等奖加分。如有特等奖，在一等奖加分基础上再加2分。 2. 在学期内以同一项目参加市级及以下竞赛获得名次的，按最高奖项加分，不重复加分。 3. 在学期内以不同项目参加市级及以下竞赛获得名次的，可分别加分，但最高不得超过15分。 4. 参加省级及以上活动获得表彰按实际情况累加。 5. 集体项目获奖或未在表中所列的其他活动或竞赛中获奖，加分标准由系部自行制定。
省级	10	8	6	
市级	6	4	3	
校级	4	3	2	
院系级	2	1.5	1	

5. 匠心天使发展素质评价

即劳育评价，主要测评学生积极参加劳动实践活动，包括在技能比赛、社会实践、志愿服务、公共服务、集体劳动等方面的突出表现情况。

（1）技能比赛加分。

积极参加各级各类技能比赛，个人获得荣誉称号的，予以加分，标准如表 7-9 所示。

表 7-9 匠心天使发展素质评价　　　　　　　　　　　　单位：分

类别	等级			备注
	一等奖	二等奖	三等奖	
国家级	15	12	10	1. 以上活动评奖若以名次评出，则第一名按一等奖加分，第二、三名按二等奖加分，第四名以后按三等奖加分。如有特等奖，在一等奖加分基础上再加2分。 2. 在学期内以同一项目参加市级及以下竞赛获得名次的，按最高奖项加分，不重复加分。 3. 在学期内以不同项目参加市级及以下竞赛获得名次的，可分别加分，但最高不得超过15分。 4. 参加省级及以上活动获得表彰按实际情况累加。 5. 集体项目获奖或未在表中所列的其他活动或竞赛中获奖，加分标准由院系自行制定。
省级	10	8	6	
市级	6	4	3	
校级	4	3	2	
院系级	2	1.5	1	

（2）社会实践、志愿服务加分。

积极参加各级各类社会实践、志愿服务活动，个人获得荣誉称号的，予以加分，标准如表 7-10 所示。

表 7-10 社会实践、志愿服务加分　　　　　　　　　　　　单位：分

加分类别	省级表彰	市级表彰	校级表彰	院系表彰	备注
加分标准	8	6	4	2	在社会实践、志愿服务中获得集体荣誉的，团队成员加分按照得分的70%计算。在该项素质加分中，因同一事项获得多种奖励的，按最高等级加分，不重复加分。

（3）学生公共服务加分。

学生在学校、院系等单位中从事公共服务工作，由所服务的校系主管部门，根据其工作表现给出测评等级；从事班级公共事务服务工作的，由班主任根据其工作表现给出测评等级。各等级按照表 7-11 所示标准予以加分。

表 7-11 学生公共服务加分　　　　　　　　　　　　单位：分

类别	等级		备注
	优秀	合格	
校、院系公共服务主要负责学生	12	10	1. 校、院系公共服务主要负责学生包括校、院系学生组织各部门负责人及学生，主要包括校系学生会、社团联合会等学生组织主席团成员。班级公共服务主要负责学生包括班长和团支部书记。 2. 服务期限要满一年方可视考核情况予以加分。因组织调整需要，工作半年以上不满一年的，按60%加分。 3. 在学期末进行考核时，校、院系优秀比例一般不超过参评人数的30%，班级优秀比例不超过参评班干部的40%（优秀班级不超过50%）。
校、院系公共服务非主要负责学生	10	8	
班级公共服务主要负责学生	8	6	
班级公共服务非主要负责学生	6	4	

（4）集体劳动加分。

学生积极参加日常生活劳动、生产劳动、服务型劳动、创造性劳动等实践活动，包括宿舍内务整理、校园集体劳动等方面，测评标准详见《学生"四自管理"考核内容及评分标准》。

（5）宣传报道加分。

学生在公开发行的报刊或新媒体平台上进行宣传报道、报送信息等，加分标准如表7-12所示。

表7-12 宣传报道加分　　　　　　　　　　　　　　　　　　单位：分

等级	国家级	省级	市级	校级	系部	备注
加分标准	6	4	2	1	0.5	1. 相关刊物或新媒体平台的层级由相关部门认定，同一主题稿件在不同层级报刊转载的，按在最高层级发表加分。发表稿件500字以下的减半加分。 2. 在市级、校级和系部报刊或新媒体平台进行宣传报道的，只对第一作者进行加分。 3. 在省级及以上报刊或新媒体平台上进行宣传报道，属于两人共同发表的，加分总标准按照此表执行，其中第一作者占60%，第二作者占40%；属于三人及以上共同发表的，限前三位作者加分，加分总标准按照此表执行，其中第一作者占60%，第二作者占30%，第三作者占10%。 4. 在市级、校级、院系报刊或新媒体平台上进行宣传报道所加总分原则上不超过15分，在省级、国家级报刊或新媒体平台上进行宣传报道的按实际情况累加。

（二）评价标准

综合素质测评成绩＝基础素质测评成绩×60%＋（100＋发展素质测评成绩－"四自管理"评价成绩）×40%

"四自管理"评价标准详见第四章。

四、评价过程

（1）综合素质测评每学期开展一次，最终结果性评价经班级评定小组进行审定，班主任核准签字后报系部。

（2）评价结果经系部审定后，作为学生学期评优评先的主要依据，也作为向用人单位推荐的重要依据。

（3）凡在评价过程中弄虚作假者，经监督小组认定属实，情节轻微的，取消虚假项所加之分，给予严肃批评教育；情节严重、影响恶劣的，记零分并取消评优资格，同时依据学校有关规定给予相应处分。

五、评价应用

（1）本实施方案自2023年1月1日起开始实施。

（2）本实施方案由学生处负责解释。

第四节 培育载体

学校以习近平新时代中国特色社会主义思想和党的十九大精神为指导，基于卫生职业院校的专业特色，依托智慧德育平台，通过理论育人与实践育人相结合，孕育"五心天使"。

一、理论塑造"五心天使"

第一课堂不仅是培养学生正确的世界观、人生观和价值观的途径，更是培育和弘扬社会主义核心价值观的主阵地，不仅包括思想政治理论课堂（思政课程），也包括专业教学课堂的德育渗透（课程思政）。

（1）以社会主义核心价值观为基础，从大德育观出发，培育爱心天使。重点围绕习近平新时代中国特色社会主义思想、社会主义发展史、宪法等相关法律、心理健康教育、中华优秀传统文化等模块，在一、二、三年级开设相关必修课程，系统地进行中国特色社会主义和中国梦教育、社会主义核心价值观教育，提升学生的政治素养，增强学生的使命担当，引导学生衷心拥护中国共产党的领导和社会主义制度，矢志不渝听党话、跟党走，形成做社会主义建设者和接班人的政治认同，争做社会主义的合格建设者和可靠接班人。

（2）以"思政元素与专业知识相融合"为教学理念，培育匠心天使。着眼学校人才培养目标和专业人才培养方案，挖掘思政元素，将"南丁格尔精神""体臣精神""工匠精神""以人为本"的生命价值观整合到专业课教学中，让"坚硬"的专业课柔软起来，对学生的人文素质、职业精神和职业道德等方面进行潜移默化的影响。

二、实践缔造"五心天使"

围绕社会主义核心价值观和"敬佑生命、救死扶伤、甘于奉献、大爱无疆"的新时代医疗卫生职业精神，以培养德智体美劳全面发展的社会主义建设者和接班人为目标，以第二课堂为抓手，深入挖掘实践、生命安全、传统文化等方面的育人要素，将理想信念、职业精神和社会主义核心价值观转化为学生自发的情感认同和行为习惯。

1. 设置四大品牌课程

一是入校课程，包括军训、新生专业认知周、"开学第一课"等内容，培养学生的行为规范；二是离校课程，包括毕业典礼暨表彰优秀毕业生，培养学生的感恩情怀；三是实践课程，包括见习、实习、暑期实践等，提升和发展学生的职业能力和职业素质；四是礼仪课程，包括18岁成人礼、"5·12"国际护士节、卫校男生文化艺术节，确保校园文化可持续长期发展，实现社会主义核心价值观的全面渗透。

2. 开展"五心天使"特色活动

一是打造德育主导的爱心天使，每年引导学生爱心助困、无偿献血，定期去敬老院、儿童福利院等机构进行志愿服务；二是打造智育主导的慧心天使，每年通过学风建设、榜样学习及参加各类知识竞赛等活动，促进学生提高学业成绩；三是打造体育和心理健康教育主导的健心天使，鼓励学生积极提高身体素质，完善自我心理保健；四是打造美育、礼仪及行为养成主导的雅心天使，通过文艺作品熏陶、礼仪展示和"四自管理"，展现我校学生良好的精神风貌；五是打造技能操作主导的匠心天使，通过见习、实习、技能比赛等教育教学活动和劳动教育，培养学生的实操能力和吃苦耐劳的精神。

3. 突出生命教育课程

一是心理健康教育全程化。由心理健康教育中心主导，组织新生进行心理普测，及时了解心理异常学生的情况，并进行跟踪访问，定期传播和宣讲心理健康专题教育知识，同时提供咨询服务，多管齐下，疏导学生的心理压力。二是安全教育常态化，由学生处和保卫处联合组织，定期举办针对性的安全宣传教育活动，通过体验类、互动类的教育方式，以案释法，培养学生的安全意识和自我保护能力。

4. 提升体育育人质量

一是建成体育馆，为全校师生开展体育活动提供场所；二是要求每位体育教师引领一项群众体育运动，开设排球班、羽毛球班、乒乓球班等深受广大学生喜爱的社团活动，深化体育育人功能；三是坚持开展校园体育竞赛，每年举办运动会和各类比赛，鼓励师生同场竞技竞赛；四是训练高水平运动队，提升学生的竞技水平。

三、平台打造"五心天使"

学生的行为习惯是衡量其道德素质的最重要手段。学校将以"三全育人"为导向，"四自管理"为核心，以培育"五心天使"为目标，利用智慧化学生管理平台，通过学生自我教育、自我管理、自我服务的方式，对学生日常学习和生活等行为规范进行检查、纠正、评比，培养出一批德智体美劳全面发展的"五心天使"。

1. 搭建优秀学生成长平台

围绕"四自管理"评价标准，建设平台管理评价指标库，以学生行为规范、班级管理和宿舍管理为评价对象，通过学生干部为主体的自我管理机制和"128 管理"全员育人的监督与自检，结合学校天使主题教育特点，制定《南通卫生高等职业技术学校天使养成手册》，建立学生素质积分与"五心天使"等级兑换体系，从而引导学生养成良好的日常行为规范。

2. 构建智慧德育平台

结合"四自管理"和天使主题教育要求，平台在学生文明养成、志愿服务、社会实践、社团活动等方面，不仅支持学校内部评价，还纳入家长和社会等校外评价，形成学校、家长和社会共同参与的"三全育人"局面。同时，通过配置爱心天使、慧心天使、健心天使、雅心天使、匠心天使积分与星级兑换，达到激励、调动学生积极性的目的。

第五节　活动掠影

一、爱心天使——崇德向善，守护生命

学校积极开展爱国主义主题班会，组织学生参加无偿献血，参观爱国主义基地，欣赏红色经典影视；学校组织开展"百十千万"志愿服务，南丁格尔志愿者服务队深入社区和护理机构，以自己的专业知识为居民提供健康宣传和为病患提供力所能及的志愿服务（图 7-1—图 7-5）。

图 7-1　南丁格尔志愿者服务队在南通第一人民医院进行志愿服务

图 7-2 2021 年 8 月圆满完成南通市全员核酸检测演练任务

图 7-3 "学党史 强信念 跟党走"主题实践活动

图 7-4 祭扫烈士陵园

图 7-5 升旗仪式

二、慧心天使——博学启智，感悟生命

作为学校课外教育的主阵地之一，举办"名师名家进校园"系列活动，定期邀请知名学者做关于传统文化、人生观、心理教育等方面的主题讲座，邀请司法工作者来校进行普法宣传教育、法制案例讲解及分析，同时利用校广播大会、课间操讲话、主题班会、在线学习、征文比赛、模拟演练等多种手段，对学生开展人身安全、财产安全、交通安全、消防安全、国家安全等方面的教育，不仅增加了安全教育的趣味性，同时也提升了安全教育的普及性和实效性，大大提高了学生的安全意识；鼓励学生积极参加自学考试、英语及计算机等级考试、专转本考试等，不断提升学历水平（图7-6—图7-11）。

图 7-6 沉浸式反诈课堂

图 7-7　艾滋病预防讲座

图 7-8　防震应急疏散演练

图 7-9　普法知识教育讲座

图 7-10　数学能力比赛

图 7-11　参加专转本考试

三、健心天使——强身悦心，敬佑生命

学校通过开展军训、学生体育运动周及广播操、心理手语操大赛和心理团辅等活动，建立学生心理健康档案、心理危机干预应急预案，保障了学生的身心健康。尤其是前几年疫情期间，学校心理健康教育中心坚持开展心理支持服务，组织编写《心理防疫指南》，向全校学生开展针对因疫情所引发的恐慌、抑郁、焦虑等各类心理困扰的心理支持与服务，引导广大学生关注心理健康，提高自身心理素质（图 7-12—图 7-17）。

图 7-12 "5·25"心理趣味文化节

图 7-13 学生参观心理健康教育中心

图 7-14 篮球比赛

图 7-15　足球比赛

图 7-16　军训汇操

图 7-17　学生荣获全国 U18 射击锦标赛冠军

四、雅心天使——明礼正行，体验生命

学校通过组织学生参加省和市级文明风采大赛、环保主题班会课、书画比赛、礼仪展示、手工制作等各类活动，利用智慧德育平台对学生进行"四自管理"，在潜移默化中提升学生的艺术品位和环保意识，培育学生的礼仪规范和行为习惯（图7-18—图7-23）。

图7-18　参观非遗展览

图7-19　美学教育实践活动

图 7-20 十八岁成人礼

图 7-21 舞蹈比赛

图 7-22 植树活动

图 7-23　跳蚤市场

五、匠心天使——精业创新，雕琢生命

学校积极开展劳动教育，鼓励学生积极参与每周一班会课后的教室大扫除和每日宿舍打扫，引导学生充分了解劳动教育的时代内涵及意义。举办"5·12"国际护士节、职业技能大赛、应急救护培训等活动，并且利用见习、实习、现代学徒制等教学实践活动，要求学生在专业技能上达到精益、敬业、专注，为将来从事医护工作打下坚实的实操基础。同时，鼓励学生积极参加创新创业比赛，从事创新创业活动，不断提升学生的创新精神和创业能力（图 7-24—图 7-29）。

图 7-24　"心·药圃"劳动实践基地启动仪式

图 7-25 "5·12"国际护士节活动

图 7-26 学生在南通大学附属医院实习生操作技能大赛中喜获佳绩

图 7-27 学生在江苏省技能大赛中喜获佳绩

图7-28　师生在采摘中草药

图7-29　药学系顶岗实习动员会